奧丁期貨聖典之
山川戰法全書

本書顛覆你對期貨領域所有認知——
建議新手小心服用

U0030066

著——**奧丁**

奧丁期貨操盤術FB知名版主

投身期貨市場，其實你只需要這一本

撰文◎

　　我是一個平凡的上班族，奧丁是我人生第一個期貨老師。或許因為我們是親戚的緣故，所以他真的是時時刻刻一直盯著我，讓我從完全不懂期貨的菜鳥，到現在有把握可以靠自己穩定獲利。

　　雖然我只跟奧丁老師學期貨操作，並沒有跟隨過別的老師，不過或許是幸運，我第一次就跟對老師了。

　　有時，跟隨一堆名師東學西學，奇招百出，或許還不如選對一位老師，務實的學到好功夫，不是嗎？畢竟，千招萬招，不如真正無敵的一招；只要有效、能賺錢，練好一招就夠啊（這一招就是「成交量」）！其他的花拳繡腿、炫奇武功招數，說穿了，只是多浪費你的時間與金錢，甚至讓你在投資市場傾家盪產，永難翻身……。這種例子，身邊實在看到太多了。

　　因此，這本書就像是期貨市場的「易筋經」，讓你在技術分析領域從此「脫胎換骨」。從基礎到高階，奧丁老師可以說已將畢生的研究精華全部寫在裡面，其中許多觀念，完全顛覆了我們對於期貨技術分析的認知。

　　我們一般總認為，越艱澀的技術分析越厲害，才能夠讓我們在市場上獲利；但是在本書中，你看不到艱澀的技術分析，

你看到的是關鍵的技巧，用非常簡單的方式呈現，但事實上它卻整合了所有技術分析相關理論的精華。

因此，認真的看完本書，你會對期貨領域有更深一層的想法；反覆來回的翻閱、咀嚼思考，你也必能創造出一套屬於自己的最有效操作模式。

經歷過期貨市場的大風大浪，我的體會是，期貨市場真的是需要一步一腳印、踏踏實實的走上來。這樣，你才有辦法贏回過往失敗的人生。

就如奧丁老師常常跟我說的，「妳很強，但是不要想得太美好。」這句話，就是提醒我們，當你在期貨市場獲利的時候，收盤之後一切歸零。過去的榮耀，不代表現在的榮耀；過去的績效，不代表現在的績效。只有務實的操作，才是最真實的操作。

因此，學習奧丁老師的操作觀念及技巧，只是拿到一張勝利的「門票」而已，不代表就此飛天遁地了；接下來還是要自己持續精進、下工夫，這樣才有辦法穩定獲利，人生勝利還是要靠自己爭取。

2021.2~3月獲利

目前當沖台指期最高績效

務實的操作，才是真正的操作，我從奧丁老師的指導中看到務實的操作。就像奧丁老師在本書中所說的，如果你可以看到成交量裡面所隱藏的人性的貪婪與恐懼，你就將天下無敵。願你我共勉之。

「力差指標」的解讀深具參考性

撰文◎ **洪立強** （群益期貨經理）

　　會認識奧丁，一開始是透過網路搜尋。當時「期貨」在社會上的風評仍不太正面，屬於小眾市場，當然所謂的「期貨」講師，更是屈指可數；但觀察奧丁的發文，我發現奧丁所推廣的觀念，表面上雖然主講期貨，但其核心仍在於風險的控管、交易心態上的調適，與我在業界所觀察到的「贏家」特質相近，也就成為我長期追蹤的對象，一轉眼已超過三年。

　　會追蹤觀察，當然主要也是想要學個一招半式，其中最讓我推崇的，就是奧丁對於「力差指標」的解讀。

　　所謂「力差指標」，屬籌碼分析的一種，透過市場上委買委賣的資訊，去做行情的判斷，也許不見得是領先指標，但至少是同時指標。特別是當套用在期貨上，有兩個主要因素，使這指標更具參考性。

　　第一，期貨是以保證金交易，若有人想要透過掛假單來嚇阻對手，需要一定程度的資金才有辦法達成，因此降低了掛假單的可能性。股票市場則不然，由於 T+2 交割制度的設計，掛假單基本上不用成本，委買委賣資訊的參考性便大大降低。

第二，期貨是逐筆交易（股票在 2020 年才改為逐筆交易），若要掛假單嚇阻對手，有可能瞬間被對手方成交，被迫持有不在計畫內的部位，大大降低了掛假單的可能。也因為如此，群益期貨直接將「力差指標」建置在下單系統當中，提供客戶做即時交易上的參考。

　　此次奧丁的新書出版，受邀寫序著實備感榮幸；雖然還沒有機會提前拜讀，但我相信本書對於「真」交易者，應能有所啟發。

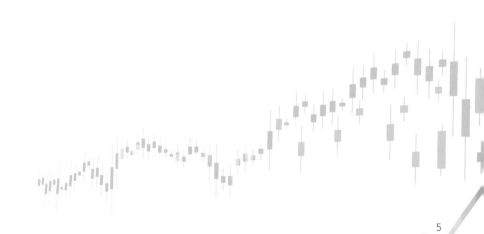

我將顛覆你對期指技術分析的認知！

　　在開始進入這本書之前，我有些心裡話想跟讀者們說。許多人常問我：「奧丁老師，您的指數分析這麼厲害，是不是您天賦異稟？還是您曾經有過什麼奇遇？」這些問題常讓我感覺哭笑不得，也不禁想問，難道現在坊間知名的股市名嘴、分析師，都是這樣行銷自己的嗎？

　　我的人生再平凡不過了！我甚至不是念商科出身的。我並沒有破產過好幾次，搞到快要家破人亡，最後靠投資股票或期貨指數翻身，終於賺到人生數間房 …… 的「神話經歷」。我出生的時候，天上沒有鳳凰爭鳴、祥雲朵朵，只有屋簷上的公雞在咕咕叫；我也從來沒有因為看到溪裡面力爭上游的小魚，因此立志要當世界上的大人物 ……。

我也只是想靠股市翻身的小小上班族

　　我是奧丁老師，跟許多人一樣，我只是一個平凡人，既沒有一個「富爸爸」，也沒有顯赫的家世，更沒有足以傲人的學

歷。我只是跟大家一樣——不想缺錢，不想被生活的壓力壓垮，不想被枯燥無味的工作所束縛。就是這個理由，驅使了我在過去的 20 多年間，一直在「期指分析推論」這個領域，繼續努力，持續精進自己。

如今，我真心期待的是，能把我的理念及技巧告訴大家，希望能打破投資者們對期指技術分析的迷思，能夠真正進入投資贏家的思維架構，進而在市場上獲利。

偶爾我會跟朋友聊到，我是來自一個對數字頗為敏感的家庭。父親喜歡玩六合彩，記憶中的他總是拿著一些小報在研究數字；而且很奇怪，他常常會中獎！因此我從小就覺得，在這世界的背後，是不是存在有某種規律？只要我們善用數據的分析，就能從中找到真理。

高中畢業後，我沒有繼續升學，跟那時候一般的年輕人一樣，我先去當兵，然後出社會工作。當時有朋友介紹了「中釉」這支股票給我，說這支股票不錯，可以買；也許那時候有「新手運」吧，這支股票讓我賺了一點錢。

但是讓我永遠難以忘懷的一件事是，當我想買這支股票的

時候，那時其實我已經在社會上工作了一年，當下卻連要買股票的 5 萬元，還得要東拼西湊才拿得出來！這件事讓我深刻領悟，上班族靠薪水是存不了錢的，更不要說能賺到多少錢。

　　從此以後，我開始有了一些理財的觀念跟想法。我發現，能夠讓小小上班族翻身的地方，唯有股市。於是我開始學習怎麼去理財，怎麼去投資股票；那時候拿不出高額的學費去上什麼投資課程，就是靠著看書自學。

　　然而，相信曾經投入股票市場的朋友們，一定曾經有過這樣的經驗——股市是窮人翻身唯一的地方，但那也是窮人的一個惡夢所在；進入股市之後，就是踏上一條不歸路。不論你花多少時間研究技術分析，不管你花多少錢拜訪名師、學習分析技巧，或者聽信別人的明牌跳下去，鎩羽而歸的投資者大有人在。

　　就跟許多讀者走過的路一樣，一開始我也是聽著別人的講法，懵懵懂懂的進入股票市場；唯一的理由，就是想要獲取財富，多賺一點錢。但幾年過去了，我發現這過程根本就像是一場惡夢！因為，**股市可以說是一個「貪婪」跟「恐懼」的總合，**

如何打敗這所謂的貪婪跟恐懼，才是在股市中獲得勝利的重點。
而我們所學的技術分析理論，真的有辦法幫助我們獲利嗎？我們花大錢去求教那些名師學習來的技術分析技巧，真的有用嗎？

10 年磨一劍 我也曾陷入各類理論迷宮

翻遍坊間所有關於技術分析的書籍，我總感覺，講述技術分析的書上所提到的那些買跟賣的訊號，也就是進場、出場的時間點，絕對沒有書本上說得那麼簡單，也不會像一些名師講得那麼容易。

於是我開始反過來思考，問題的根源在哪裡？於是從最基本的「K 線理論」，到最艱澀的「波浪理論」，甚至到最玄學的「江恩理論」，我都花了很長的時間去研究。

有將近 10 多年的時間，我自我沉潛，忍住不再進入股票交易市場。在工作之餘，我「讀」、「看」、「聽」、「想」、「學」。在這段潛心研究的日子裡，我曾經遇到一位貴人，他以一句話點醒了我，「股市的變動與指數的變化，分析起來其實很簡單，不管你做多還是做空，無非就是買跟賣、價跟量，為什麼要把

簡單的事情複雜化？」

　　「大道至簡」，有用的真理，通常並不特別高深複雜；然而市場上有太多所謂的技術分析，就是要讓你覺得很難、學問多麼高深莫測，這樣那些所謂的名嘴分析師，才有對外操作行銷的空間啊！

　　理論上，期貨市場不就是漲跟跌，輸贏的機率應該各是50%，那麼為什麼市場上有 97% 的投資人輸了，只有那 3% 的少數人是贏家？我發現，多數人的投資觀念及分析技術好像有些不足。

　　因此，我努力想從各種理論中參透最「單純」的「真理」。在運用各種不同指數技術分析技巧做出推斷，並且比對股市實際的指數走勢後，我得到了一個統計結果，就是：「當把所有的技術分析推演到最巔峰，所有的理論都是彼此互通的，而根據的只是一般人都能理解、且不太困難的邏輯分析。」

為什麼你就是無法賺到錢？

　　在 20 多年的投資生涯中，我親眼見過很多努力去學習技術

分析技巧、也很精通技術分析理論的朋友，很奇怪的，他們就是沒有辦法在股市中賺到錢，或者賺到的錢與投資的錢不成正比；那麼我只能這樣建議他們，「當你還沒有建立正確的投資觀念，當你還沒有找到穩定獲利的方程式之前，你根本就不應該進入市場交易。」

因此，在你投身市場前，我想先跟讀者們分享一些投資的基本觀念。

期指投資是這樣，**「做你該做的，賺你該賺的。」**原則永遠是：**「一分技術，一分資金，一分操作，一分配置。」**

有太多的例子是，有人因為嘗到一點甜頭，於是開始過度操作，做出超過自己能力範圍的投資；最後不止把之前賺的錢賠掉，甚至把自己的本金也賠掉，所以在這裡提醒您，**「千萬不要妄想以小博大」**。

另外一個極端的狀況是：心理素質不夠。有人因為對自己的技術分析技巧沒有自信，或者太相信所謂消息面的影響，人云亦云，最後變成靠靈感進出市場，該賺的沒賺到，該賠的一塊錢都跑不掉。

　　衷心建議您把這本書反覆多讀幾次，多研究幾遍，你會發現，只要學會真正的技術分析，抓到跟著主力的腳步，賺錢其實不困難。

　　「獲利極大化的做法，六成在分析，四成在時間與資金配置」。

　　學會分析的技巧，至少能讓你立於不敗之地；再依據個人資金及承擔風險的能力，依據不同獲利率的產品來做時間及資金的配置，來取得最高的利潤值。

　　同時，我想強調，**這本書所傳授的技巧，不止適用於台指期貨交易，也適用於其他種類的期貨市場。**

　　有位學員，在學習我的「奧丁山川戰法」後，白天操作台指期貨，晚上操作紐約道瓊指數，在 2018 年的半年中，她從道瓊指數賺了大約 209 萬台幣，在台指期貨賺了大約 738 萬台幣。當她把獲利表跟我分享後，更增強了我將「奧丁山川戰法」傳授給大家的決心。

　　最近幾年，我發現一種情形，投資的觀念在改變。大家都

知道，投資一定要有本錢，不論是投資工廠設備、投資房地產，或是投資股市，都一定要有資本。那，怎麼樣去擴充資本呢？

傳統台灣人的理財觀念，就是儘量不要借錢，總覺得欠錢很丟臉，還錢很辛苦；但事實上，很多人拚搏半輩子買了房，再拚搏半輩子付貸款，終生為錢所控制，這是「窮爸爸」思維；有些人拚搏前半生買了房，拿這間房去貸款，再去買地段更好、以後會漲價的房子，然後把這間房子出租，拿租金付新買的這間房的貸款，於是他有了兩間房，以後房價漲了，將房子賣了，他也變有錢了，這就是「富爸爸」思維。

不要怕借錢！如今我有許多學員及我所認識的投資人，逐漸接受這樣的觀念。尤其這幾年銀行還款利息低，貸款成數高，當他們發現很多投資項目的報酬率是穩定的，而且遠大於銀行的貸款利息，那為什麼不藉著這一波的償還優勢，去取得更多資本、來賺更多錢呢？

因此，希望大家開始建立這樣的觀念：**「學習負債，打破舊思維，達到財務自由」**。當你找到了能幫助你獲取更多利潤的投資項目，又學會了理性且正確的分析方法，你將選擇何種

理財方式？

山川戰法 將 K 線分析帶入全新境界

　　回到我們的指數技術分析，股市的走勢如同山川，有上有下，有空有多；在「酒田五法」的基礎上，我更進一步把技術分析模式精確化，發展成我獨創的「奧丁山川戰法」。

　　在此，我不會使用艱澀難懂的名詞，沒有複雜誇大的分析，沒有模稜兩可的區域，我只用簡單好學的交易邏輯，提升你在股市上的勝率。

　　如果你是期指交易的初學者，你應該常讀、詳讀、細讀我這本書。就像李小龍在電影裡展現俐落的功夫，那是經歷無數次苦練得來的，絕對不是隨便擺個姿勢的「花拳繡腿」。你若能多學習，多研究，多練習，把模擬的結果比對市場實際的走勢，你會發現我的分析方式是正確的。

　　如果你是熟悉技術分析的中階交易者，甚至是比較資深的交易老手，你更應該多看看這本書，也許它將顛覆一些你長久以來被固化的技術分析觀念。例如大家都認為波浪理論是可以

預測未來的，但相對的 K 線理論是無法做出預測的；但是我做到了，我花了很長的時間去比對所有技術分析的共同點，並且找到了分析預測的方法。

　　我希望大家都能透過學習山川戰法，做出指數的預測，找到正確的進出點，只要你能夠找到，那麼成功在望。這一本書，將開啟 K 線理論完全不一樣的視野，我將打破傳統的思維邏輯，將 K 線分析帶入一個全新的境界，讓讀者們進入期指贏家的思想領域，進而在市場上獲利。

Contents

Contents

01 初階期指交易者必讀

單一Ｋ棒「開高收低」的奧祕

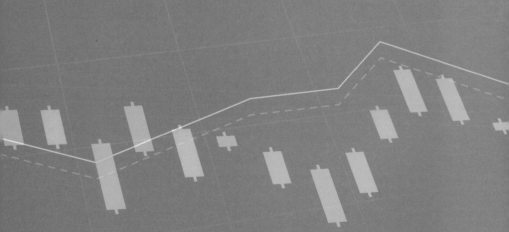

開盤價的意義

　　所謂的看盤，就是看一天之中、股市指數的多空爭戰。我把看盤分為三個階段，經由開盤指數、最高指數、收盤指數、最低指數（所謂的開高收低）的分析，依時間區分為三個區塊，分別為：「開盤前的多空判定」、「盤中的多空扭轉」、以及「尾盤判定未來走勢的戰略位置」。

　　開平走高或開平走低的指數走勢，幾乎在所有時候，對金融市場上的交易是沒有意義的。在這裡我要嚴肅的告訴所有讀者們，**「唯有跳空才有意義」**，要有跳空，不管是跳空走高或跳空走低，只有在跳空發生的時候，進場才有意義。

　　而從看盤的技巧來看，要在開盤的第一階段做出多空判定，開盤時若能決定多空走向，對於操作上將有相對大的幫助。以下，我們將用範例來做更進一步的說明。

範例一

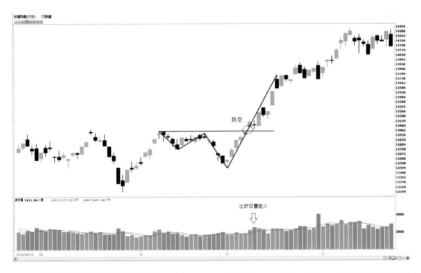

　　我們從這張圖看出，在 2020 年的 11 月 9 日，大盤現貨指數在開盤時就「跳空」越過 10 月 12 日以來的壓力線。請注意收盤後的成交量，較前一日增加，這代表多頭宣示的決心，一口氣越過所謂的壓力區。

　　學習過技術分析的讀者，應該都明白這張圖形代表的意義，**「當壓力線被越過時，資金就會追逐」**，因此 11 月 9 日的 2199.4 億成交量，遠大於前一個交易日 11 月 6 日 1933.5 億成交量，這就是標準的突破型態技術分析。

初階期指交易者必讀　**chapter 1**　23

2020 年 11 月 16 日，大盤現貨開盤，指數就直接跳空越過 11 月 12 日以來的壓力線，收盤後走勢帶量突破。11 月 16 日的當日成交量是 2353.5 億，超過前一個交易日 11 月 13 日 1801 億成交量，這也是標準的突破型態技術分析。

深入討論：為何開盤只看跳空？

那麼，如果當天是開平走高或開平走低呢？我們用幾張圖表來解釋，讀者們就能明白，為何我說「開盤只看跳空」而已？

我們用簡單的圖示來說明。

圖一 ▶ 開平走高越過壓力區

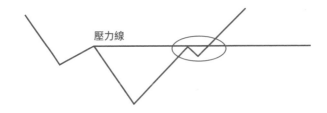

圖二 ▶ 開盤跳空越過壓力區

圖三 ▶ 開平走低越過支撐區

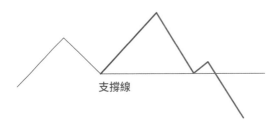

圖四 跳空越過支撐區

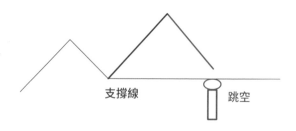

支撐線　　　　　　　　跳空

　　圖一及圖二，顯示出指數的走勢都跨過（漲過）壓力線；圖三及圖四，顯示指數走勢都跨過（跌過）支撐線。我們不妨仔細想一想，如果我是主力，若想要在市場上賺到錢，試問在開平走高或者開平走低時所需要投入的資金，跟直接跳空突破支撐線或壓力線所需的資金，何者會需要比較多呢？

　　舉例來說，我們都知道壓力線的出現是因為市場上有了所謂的預期性賣盤，而支撐線的出現是因為有預期性買盤。期貨市場的上漲都是金錢堆疊出來的，以圖一及圖二來說明，一旦市場出現開平走高而遇到所謂的賣壓時，懂得技術分析的投資者，便會在此時轉為賣出，這將築起一道高牆而阻擋漲勢；因此這個時候，市場上必須投入相當龐大的資金，才有機會越過壓力區。

　　相反的，如果是跳空越過（漲過）壓力區呢？跳空上漲會

讓懂技術分析的專業交易者，想賣卻不敢賣出手上的部位，甚至轉為買進更多部位，這將成為下一波上漲的助力。

同理可推，期貨市場下跌也是一樣的道理，對於我們期指投資者來說，只有跳空才有意義。

所以，這兩組圖形印證我的理論，開盤指數無論漲跌，我們只要注意「跳空」的訊號就夠了。以下我們再以兩個範例來說明，請讀者們仔細研究一下。

▶ 範例三

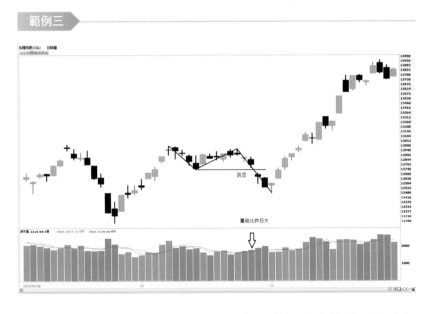

請注意，2020 年 10 月 29 日開盤，大盤跳空越過（跌破）

10 月 16 日以來所築起的支撐線，所以多投資者加入追殺行列，賣壓邊增，但成交量為 1891 億，比前一日的成交量 1783 億放大許多。

2018 年 10 月 05 日開盤時，大盤跳空越過（跌破）9 月 11 日築起的支撐線，空方走勢力道強勁，跳空開低走低一路往下跌，最後長黑收場。當日成交量為 1505 億，比上一個成交日的成交量 1227 億放大許多。

請讀者們注意，「**開盤價的意義在於跳空，但前提是要能**

跨過壓力支撐區」，如果跳空沒越過所謂的壓力支撐區，在投資上是沒有意義的。我們這樣來解釋好了，就是小跳空上漲或下跌，沒有突破壓力線或支撐線，顯示市場上多方或空方氣勢比較弱，這時候進場，就沒有意義。

初階期指交易者必讀

收盤指數的意義

　　收盤指數的分析，只在尾盤戰略位置上才有意義，其他大部分的時候，我們並不需要花費太多的精力去了解收盤指數。這個部分屬於看盤技巧第三階段「尾盤戰略位置」，在於方便下一個交易日的投資規畫。我們用以下範例來說明：

範例五 ▶

　　2020 年 08 月 20 日到 9 月 25 日的走勢圖，這裡有個經典範例：

請注意圖形中 C 點與 D 點 之間的關係，當 D 位置的收盤指數不再突破 C 位置的低點，這很有打雙底的味道；隔日直接跳空展現漲勢，顯示其多方氣勢強勁，之後更是快速的超過前面高峰。

　　請讀者們注意兩個低點，也就是 A 點與 B 點之間的關係，當 B 點收盤指數不收破 A 點收盤指數，形成雙底的局面，隔日也是長紅開出，之後也是越過前波高檔位置。

　　A ／ B 點間的分析與 C ／ D 點間的分析，都是尾盤（收盤指數）確認戰略位置，兩者有異曲同工之妙。但這其實也是初階的技術分析，其中隱藏了「比較法則」中的「高度用法」。

　　這裡給讀者們一個小功課，當 C 點與 D 點之間完成雙底型態後，走勢迅速向上，並突破前一波高點；但 A 點與 B 點之間完成雙底型態後，初期並沒有強勢上漲的趨勢，而是之後跳空補上，再強勢上漲。兩者之差異為何？請大家嘗試分析並且解讀。

盤中指數高與低的意義

指數的高點與低點，都是在盤中交易中多空爭戰的結果，高點代表被套牢的賣壓點，而低點代表應買進的支撐點，這屬於盤中應對技巧。我用以下圖表來做進一步說明：

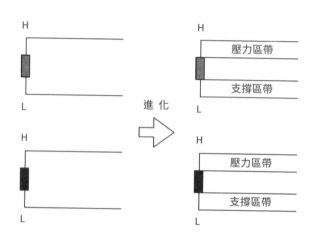

我認為傳統的技術分析已經落伍了，以上圖形則是進化版的壓力支撐區圖解，我們從 K 線原理來證明，所謂的上影線與下影線，代表的都是買進或賣出產生的套牢量，因此，當指數進入這個區間時，就是產生阻力的時候，而這也是盤中出現多空扭轉區域的關鍵，我稱之為「**當沖轉折技巧**」。

請參照圖表，上影線留下的區間而產生的區域，我們稱為「壓力區帶」；下影線留下的區間而產生的區域，我們稱為「支撐區帶」。

　　這樣的運用方式，在短線交易上是有極大用處的；也就是說，我們所謂指數的「開高收低」，是可以將 K 棒進化成具有「壓力區帶」與「支撐區帶」的形式，進而形成使用單一 K 棒，來做為「日線規畫圖表」。以下，我們用範例來說明。

範例五

　　我們回到之前範例五的走勢圖，來說明進化版的支撐區帶及壓力區帶的使用方法，這也是市場主力精準的標準控盤方式。

當我在圖中解出壓力帶及支撐帶的區塊，只要有一點程度、有一些交易經驗的讀者們，大家應該都有一種心有戚戚焉的感受吧？其實只要一個很簡單的支撐帶配合做多、壓力帶配合做空、用很簡單的吞噬型態操作，就能從這樣的波段中獲利。

　　簡單來說，當指數上漲到壓力帶，突然有了一個型態的「陰吞噬」，那就是大盤反轉走下的訊號。反過來看，當指數下跌到支撐帶，這時出現一個型態的「紅吞噬」，這就是大盤反轉上升的訊號。

　　相信經過這樣的分析，讀者們已經懂得型態的分析，及進場交易的時機。

期貨小波段作法，
獲利其實可以很簡單！

　　其實除了以日 K 線來操作期貨指數交易外，只要運用之前我們所探討過的技術分析技巧，也能很容易的從分時 K 線的小波段操作中獲利。我們用以下範例來說明：

範例六

　　這是 2021 年 1 月 12 到 1 月 13 日的 15 分 K 走勢圖，我們

可以發現，當型態打出雙底部，指數拉回下影線之上時，走勢已經絕對傾向多方。隔日跳空開出，如同上述範例五的高階比較法，買盤強勢噴出大量，這就是進場獲利的時間點。

　　「壓力區間及支撐區間的分析」，是傳統分析技術的改良，我甚至稱之為進化，這樣的技巧適用於各種期貨商品，透過發現指數在突破支撐區及壓力區後的走向，正確辨識出市場上多空的型態。這個技巧可以用在日波段操作，也可以用在極短線操作，跟著主力一起賺到錢。

　　這部份，我們所討論的進化版技術分析技巧，甚至可以單獨再寫一本技術分析的書籍來探討，當然，其中奧妙，還有賴於讀者自己細細品味。

　　到目前為止，相信讀者們已經發現，了解技術分析的技巧，從中找到進場獲利的時機，其實不難。但為什麼坊間很多書籍、很多課程，都會把走勢及型態的分析複雜化、困難化？說穿了，當然是想把理論談得高深，才好要你掏錢來買書籍、上課程。

看盤的技巧，期指交易三階段

如前文所提到的，為什麼看盤的技巧要劃分為三個區塊呢？最主要的，是希望初學者能夠在最短時間內熟悉看盤的技巧及要領，進而達到優化操作的目的。

我本身是在做台指期貨短線交易，很早以前我就提出「期指黃金交易時間」的觀念，即依據指數的「開高收低」，要劃分為看盤三階段：開盤的多空判定、盤中的多空扭轉、以及尾盤的戰略位置等三個區域。而黃金交易時間，就是在當天的 8:45 到 10:00。

8:45				13:45
開盤多空判斷	盤中多空扭轉定位			尾盤戰略位置
	10:00		13:00	
	短線當沖	盤整	作價區段	

如上圖例所示，看盤的基礎學習，劃分三個時間區間，台股開盤是 9 點開始，所以我們在 8:45，就可以開始做開盤的多空分析，在 9:00 到 10:00 之間，依據指數及交易量的變化，決定當天是否進場做當沖交易。

10:00 到 13:00 是期貨盤整的時間，對我們做期指交易的投資者而言，因為這時段大多交易清淡，我們可以去做自己的事情。收盤前的 13:00 到 13:45，是主力做價區段，我們要看當天的指數「開高收低」，找出尾盤的戰略位置。

範例七

這是 2021 年 1 月 25 日 5 分 K 線走勢圖，其實每一天的 5

分 K 線圖，大多有相同之處，我在這張走勢圖所畫分的三個區域，就是之前內容中所提到的「看盤三階段」。我是期指短線操作者，自然只在乎黃金交易時間，就是 8 點 45 分到 10 點，之後就是等收盤價開出，確認多空相關位置而已。

這一張是 2021 年 1 月 21 日的 5 分 K 線走勢圖，這一張圖中的走勢，打破了盤中無行情的概念。一般來說，在一個月 20 天的交易日中，這一種「盤中有量」的情形大概占不到一成的天數，是比較少見的型態。但既然我們發現了，該如何去破解？依據大數法則，不必為了區區數天而浪費了大好時光。建議各

位讀者們仔細觀察此圖成交量的涵義，掌握「有量就有價」的原則，就可以解開這個小作業了。

本章總結

　　「了解基礎的指數開高收低 K 線分析，並做出正確的多空判斷」，將有助於我們對金融商品的有效操作，之後更能進一步為中高階的看盤技巧打下基礎。

　　高階的看盤技巧，可以細分為裸 K 操作與波段操作，在之後的章節內，我們將逐步探討研習，讓讀者們了解什麼是屬性操作，以及如何觀察階段的趨勢變化。

　　俗語說：「台上一分鐘，台下十年功。」如何看到支撐點及壓力點，進而做出正確的多空分析，這是許多初階期指交易者的技術門檻；必須先跨過這個門檻，才能在期指交易方面再上一層樓。

　　在此希望所有讀者們，都能反覆熟讀這個章節，學會基本的看盤技巧，並且能看懂指數的走向，多做練習，多做模擬，檢討自己之前學習的技術分析觀念是否出了問題，不吝於重新學習，只要能夠看到合理、適當的進場時機，相信你一定能夠在市場上獲利。

02 中階交易者必知

複合K棒之初始型態

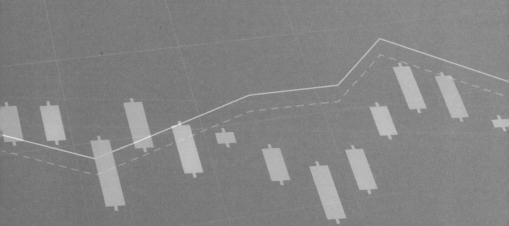

K 棒的最終型態－母子型態

如果我們仔細研究，在所謂的「型態學」中，K 棒的變化種類我大約把它們歸納為 70 種類型。在我們學習期指操作的過程中，熟悉並看懂這些 K 棒的變化，是我們學習技術分析的最基本功；而如何辨識其基本觀念，進而將 K 棒的變化理解成有效的型態，甚至看出將來的多空走勢，做出有效率的進場操作，這是中級進階的交易者、也是我們進入市場實戰時必須知道的基本理論。

在這裡，我希望大家首先建立一個基礎觀念，**「母子型態是 K 棒的最初轉化型態」**，也就是說，母子型態是所有 K 棒的初始型態，它是所有 K 線「一變化萬千」的起源。因此，我們必須把所有的複合 K 棒型態，轉化並整合成唯一的型態，再進一步學習及分析。

我們可以這樣形容，再高深的數學理論，也是從加、減、乘、除的學習開始，而在技術分析而言，學習母子型態的意義，等同於學習數學時，一定是從基本的加減乘除開始。

簡單來說，大部份的 K 棒變化，都會經由母子型態而轉化

各種攻擊型式，我們甚至可以定義，**「母子型態是各種多空趨勢轉換時、唯一可以清楚辨識的型態」**。

　　這種道理就好比金庸小說裡面的獨孤九劍，無論破劍式、破刀式、破槍式等，都要從最基本的總訣式開始學習，而總訣式就是獨孤九劍中其他八式的變化總要。我認為，期指基礎分析跟獨孤九劍是一樣道理，而之所以獨孤九劍能破解世間各種武學，它基礎是什麼？答案就是最開始的總訣式，也就是起手式，起手式決定了將使用的招式，便能以招破招。

　　反觀股市也是一樣的，看出母子型態的變化，就是入場的起手式，就是預測市場走向的開始。因此，在我們發現母子型態出現時，便能以逸待勞，預測並等待多空的市場走向，這是同等的道理。

什麼是標準母子型態？

　　我進一步來解說，以下為母子型態的圖解：

(3)　　　　　(4)

　　從圖解所示，所謂的母子型態共有四種，但並不是每一種
母子都會是標準的型態。因此，**「只要記住第二根 K 棒的高低
點，都被前一根的紅黑 K 棒所包覆，這些就是標準母子型態」**。

　　而母子型態更深層的意義在於**「停頓」**，更進一步解釋，
就是在多空的走勢中，指數的漲跌停了下來，進入盤整的階段。
而母子型態的出現，就代表著盤勢的開始。

　　期指的交易者都知道，在不斷的多空行進之後，市場都必
須進入一個盤整的階段，這段階段就是所謂的盤勢。在市場盤
整之後，再開始多頭轉為續漲、回跌，空頭轉為續跌、回漲的
不同方向。

　　在這樣的轉換過程之中所出現的停頓，代表的就是「攻擊
停止—再開始攻擊」，停頓的代表訊號就是母子型態的出現，
就是進場機會的開始。因此我們定義，母子型態就是所有型態
學中的初始型態。

母子型態是箱型法則的一種

母子型態就是箱型法則的一種，以下為母子轉箱型圖解：

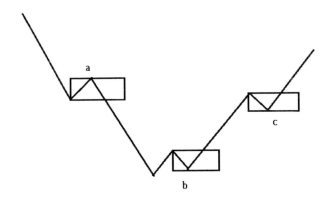

請注意圖型中的轉折點：a、b、與 c；在這三個轉折點中，都會出現所謂的母子型態，也代表着這正是進場攻擊的時機。而從走勢圖來看，這三個區塊代表：

a - 盤整後原趨勢前進，b - 盤整後改變趨勢前進，c - 盤整後原趨勢前進。

這類型的技術分析，就是抓走勢轉折的技巧。原理其實很簡單，無論多空走勢，都不可能一路漲到底、或一路跌到底，大盤的行進路徑總有停歇的時候，在這種情況下，就會出現盤整的情形。

而母子型態的出現是盤整的代表。如我在之前所提，母子型態是所有走勢轉換前、唯一可辨識的型態。因此在期指操作上，對於母子型態可當作所有K棒複合變化的代表，進一步我們可以這樣理解，這是母子型態的出現，就是大盤走勢出現轉折的開始。

母子型態讓你確認趨勢轉折點

　　此外，**母子型態是確認趨勢轉折點，並非是頭部與底部型態中唯一可辨識的型態**，讓我們從以下幾個圖形範例來學習分析。

　　一般的技術分析教學，大部份都在講盤整突破時的買進或賣出；但我所寫的這段章節，重點在於告訴大家，如何從母子型態中分辨出市場的趨勢，進而看到多空扭轉，抓到獲利的時機。

範例一

交易日期：2019 年 5 月 3 日至 2019 年 7 月 23 日

從上圖例我們必須劃分為：Ａ－Ｂ－Ｃ－Ｄ－Ｅ共五個區塊的母子型態，進一步分析之後的走勢變化。

Ａ區：當指數創新高後，指數在高檔回跌再上漲，在Ａ區出現了母子型態，我們稱之為「高檔母子」，它代表的就是中繼盤整之後，轉成破母子型態向下攻擊。

Ｂ區：當指數進入低檔，出現所謂「低檔母子」的時候，當突破母子型態的高點，短期底部便形成。尤其是Ｂ區母子區間那一根下影線，先破低拉高到母子區間內，這時候我們幾乎可以確認短底形成。之後突破母子型態的高點，逆轉趨勢，多方表態，盤勢上漲。

Ｃ區：Ｂ區出現低檔母子表態後的第一個母子型態，我們可以暫定為「中繼母子型態」，如同我在這個章節一直提到，大盤不可能一波到底，總有停頓處，這個停頓之處，就是我們進場的機會。

Ｄ區：盤勢上漲，但指數不再過高後，在Ｄ區出現母子型態，多頭攻擊便停止下來。Ｋ棒破母子型態低點後進入修正，這段期間轉成短空趨勢，從圖形上我們看出，這時候為空方占上風。而我比較在意的是Ｄ區末端，有一根跳空長紅的Ｋ棒出現，這就是Ｋ棒型態學中的一個隱藏技巧：**「重疊主升，必有一高」**。

Ｅ區： Ｄ區出現重疊主升段後，必有一段高峰，指數在高峰出現後回跌，之後我們再看到母子型態的出現，盤勢緩步升高。

母子型態是一個停歇的型態，這個停歇盤整的時機，就是我們期指交易者再進場的機會，指數不可能每一次都是一波到底。訓練自己看到、並理解母子型態的變化，並做出預測，就能增加交易者對大盤趨勢的敏感度。

範例二

交易日期：2019 年 3 月 8 日至 2019 年 5 月 6 日

同理可證，我們從範例二可以很清楚的看出 Ａ－Ｂ－Ｃ－

D－E五個母子型態出現之後的大盤走勢。請注意，**D 區代表的是一個「變形母子型態」**，關於這個型態，在後面的章節，我將再做詳細的敘述。

A 區：從這個區塊及後續走勢來看，大盤的走勢似乎上一路上漲，一波到底，但請讀者仔細看看 K 線圖，不難發現這裡出現了母子型態，這提供了一個良好的進場點。

B 區：多頭趨勢不再過高，母子型態出現後，走勢出現停頓，之後突破高母子型態，大盤依照之前的多頭趨勢行進。

C 區：指數突破前一波高點之後出現了停頓，在母子型態出現後，直接跳空漲停，並突破母子高點，盤勢轉為強勢上揚。

D 區：變形母子型態出現，突破變形母子型態高點之後，指數上漲的多頭狀況持續。

E 區：盤勢短線進入高檔盤整，母子型態出現停頓，之後指數創出新的高點，隨即就拉回，跌破母子型態低點，我們所說的「破壞的黑K棒出現」。大家可以注意到，這裡有短線見高點，之後走勢出現回跌。

變形母子型態

　　這樣的型態比較特殊，我們稱為「變形母子型態」，我以下列圖型範例，來解釋變形母子型態的定義。

　　變形母子定義圖解：

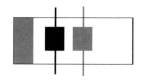 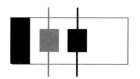

　　凡事都有例外，股市不可能一成不變，因此母子型態上也有變形的時候。所謂變形的母子型態，我把它定義為：**「第二根 K 棒的最高或最低點，雖然突破了第一根 K 棒最高或最低點，但收盤價未收上第一根 K 棒的最高或最低點，而且第三根 K 棒的收盤價，不管有先創高或創低，最後收盤價都收在第一根 K 棒高低點以內。」**請看以上圖例，這樣的型態就是「變形母子型態」。

　　此種型態需三根 K 棒才能確認，如果大家注意，這樣的型

態在期指市場上常常會出現。一旦這樣的型態出現，我們就要由第三根 K 棒來定位，在大家操作期指時需要特別注意。

　　變形母子型態，通常比較常用於在期指的短線操作上，這是取代標準母子的另一種型態，也是一種可信賴的型態，以下我們用圖例來做更詳細的說明。

範例三　台指當沖 5 分線

　　從上述圖形我們看出，A 區是一個標準模式的變形母子，3 根 K 棒就定位後，確認變形母子型態出現，第四根 K 棒收破母子型態低點，確認空方走勢。

　　B 區也是變形母子的一種型態，只是在這個區塊，盤整的

時間較長久，但定義都是一樣的，在第三根 K 棒形成定位的時候，就成為變形母子型態，之後的第六根跌破母子型態低點，空方走勢確定。

母子型態探討總結

　　我們從圖型來看，底部區與頭部區的出現，都是伴隨預期跌勢破底、而憂心指數即將下跌的恐懼，或著伴隨盤勢過高、而期待上漲的貪婪。很多交易者因為本身的心態，很容易錯過這樣的訊號，或者在趨勢行進過程中，找不到進場的切入點。

　　我在這裡提醒讀者們，當出現母子型態，代表走勢停歇盤整，這也是底部與頭部的出現，是反轉可信賴的依據，同時間也是趨勢盤的進場依據。所以母子型態能提供我們可靠的進場訊號，同時也簡化複合 K 棒型態的確認點。操作上只要學會，並熟悉母子型態的定位，便能用「以一破萬千」的方式，在各種不同的 K 棒型態中操作自如。

進階的箱型整理操作

單一 K 棒精髓

當大家熟記母子型態之後，就已經能夠進階來辨識 K 棒型態學，也就不用刻意強迫自己去熟記 K 棒的各種型態。但請大家注意，母子型態僅是辨識型態的位置，要把這個學問融入市場實際操作，還需要多一點技巧。

於是我將每一根 K 棒拆解出來後，我發現並不是每一根 K 棒都有意義，而是：「只在這根 K 棒，突破了前一根 K 棒的高低點，才是有意義的 K 棒；沒有突破前一根 K 棒的高低點，只是被包覆在前一根 K 棒的高低點內，這根 K 棒就是無意義的。」

從以上這一段話中，就可以融入我們期指操作的「高階山川戰法操作原理」：**複合 K 棒的初始型態就是母子型態，它在操作上是無意義，因為母子型態的出現代表盤整，而當價位突破前一根 K 棒高低點時，此時那根突破的 K 棒才會變得有意義。**

我們一定要提升自己對 K 棒的理解，也就是關鍵 K 棒的產生及運用，將這個境界融入實際股市中，就能準確的做到進階箱型操作，獲取利潤。這就是我所謂的「單一 K 棒精髓」。

關鍵 K 棒

如我一再跟讀者們說明，大部分的 K 棒是沒有意義的，只有在關鍵位置上出現的那根 K 棒才顯得有意義，也就是我們所說的**「關鍵 K 棒」**。

因此，盤勢出現突破，也就代表着進場的時機，母子型態的出現代表走勢在盤整，也就是大盤進入箱型整理的階段。

箱型整理，是揭開 K 棒奧義的關鍵形態學。之所以箱型法則是 K 棒關鍵型態的原因，就是因為在箱型整理區間內，所有的型態都是無效的。就期指技術分析而言，一般交易者最難擺脫的，就是在盤整期間進出場所消耗的時間與交易的手續費。只要能避開箱型整理極端，減少無謂的進出，提高整體操作的獲利率，這對技術分析者而言，不啻是一大福音。

我注意到，許多利用現有程式來交易的操作者，最大成敗關鍵都是在盤整期間進出市場，而且幾乎都是敗多於勝。因此交易者只要能提前預測出盤整區間，避免無謂的進出，這對於市場實務操作將是一大助益。

所以，要破解 K 線箱型法則的關鍵就是母子型態。而母子型態出現代表盤整，也就是下階段攻擊的開始。

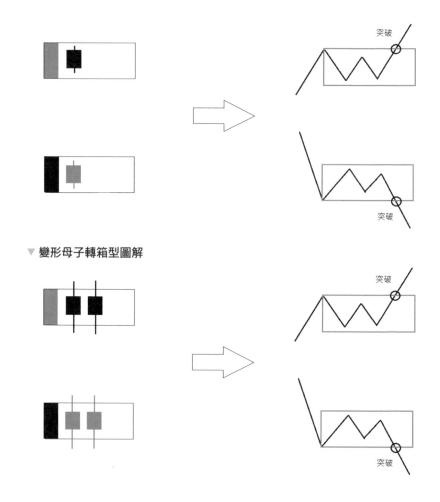

▼ 變形母子轉箱型圖解

我們從以上兩個範例圖形中，可以很清楚的看出標準母子型態或者變形母子型態，從第一根K棒高低點，轉成一個箱型區間，連接後面K棒，收盤價皆在這箱型內，形成一個箱型區間，**在這個區間內的K棒都是無效K棒**。這時我們要調整自己的操作策略，並且等待下一波攻擊方向的到來。

而箱型整理是由母子型態來完成確認的，在之前我們提到「關鍵K棒（有意義的K棒）」，當關鍵K棒突破前一根K棒的高低點時，就是進場買賣的關鍵點。這個型態學可做為預測買賣點的關鍵。但這也只是基礎理論，必須搭配市場成交量來看才會準確。

如果一個交易者，只是把突破或者跌破箱型區間的觀念拿到市場上操作，我可以確定的說，他只是把錢拿去填海而已。我在這本書中所要教導的是更高階的操作，用型態與成交量來做比較，將操作勝率拉高，這才是完整的箱型用法。

我們用以下範例來說明：

交易日期：2020 年 7 月 10 日至 2020 年 10 月 13 日

　　在這張圖表中，我們運用了母子型態的箱型法則，但重點在於強弱的比較法。比較法在各種技術分析領域及指標性型態皆可使用。

　　從圖例可以看得出突破型態的展現，如我第一章節就提到，開盤的只有跳空才有意義，跳空漲，要看有沒有漲過壓力點；跳空跌，要看有沒有跌破低點。

A區與C區皆是上漲跳空跨過壓力點，氣勢遠比B區強。請注意，雖然3個區間中，漲勢有所突破，都是比前一天的交易量大，這代表大盤是漲真的，但交易量的氣勢上，我們從圖表中交易量的走勢，可以看出B區的力道就弱了些。

　　其後的走勢也證明，B區的漲勢不如A區與C區，這是一種典型的比較法。在我的實戰經驗中，這樣的比較確實可以提供讀者們提供一個良好的訊號源。

範例五

　　這張圖表是5分K短線操作，其實只要用一個簡單的技術

分析，就能夠在市場獲利。由於是短線期指交易，在交易期間形態上要看到跳空出現相當困難，所以我們必須將型態稍作調整。

在這個範例中，我們先要分析標準母子跟變形母子，並做好關鍵 K 棒的定位，在方向有所突破之後，分析多空何種型態為最強，作為比較法的操作。

在圖表中，A 區、E 區、F 區與 D 區為標準母子型態，其餘 B 區、C 區，則是變形母子型態。

以實戰經驗而言，我確實比較在意區間型態內的上下影線，因為從市場心理學角度來分析，變形母子都會衝破母子高型態，或跌破母子低型態，這時有許多先入為主的交易者便會進場。然而當市場走勢不如預期的時候，這些交易者便會離場。

這在交易上會產生多空來回掃蕩，以市場的角度而言，散戶凌亂的籌碼被逼出，市場籌碼清理乾淨，多空方向就會浮現。所以我們從這個範例也可以清楚看出，確實以短線而言，母子區間內有上下影線出現時，走勢的力道是比較強。

我們再來進一步分析，當突破的型態改變不再是跳空，那何種型態的威力才強呢？相信讀者們有注意到 C 區 K 棒的位置，

它跌破低檔母子，長黑伴隨大量，而且是盤整區間內最大量，那麼這一根 K 棒的威力，會遠遠大過於其他型態。

而對比 D 區，雖然關鍵 K 棒也是長黑破低母子型態，但這個 K 棒不是盤整區間低內最大量，所以威力遠遜於 C 區的關鍵 K 棒。

我們再來討論 E 區與 F 區之間的比較。

E 區為標準母子，當收破低母子型態時，下一根 K 棒馬上拉起來，這在實戰理論中，是強勢多方控盤，空方占不到便宜。這時若是短期做空的交易者都會離場，控盤者在控制 E 區的母 K 棒的低點，這點須特別注意，這代表這一組母子型態是主力控盤位置點，多方將防守母子低點為主要目的。

F 區也是標準母子型態，這一組後續威力強，是因為區間整理時間較長，俗語說，「撐得越久領得越多」，就是這個道理。在這個區間內，上影線一直突破母子高點，這有一種誘多的意味，讓空方感到有一絲絲機會，之後大盤呈橫向走勢，吸納空方籌碼，然後一鼓作氣突破母子高型態，讓大盤整個轉為多方走向，之後量價齊噴。

從以上範例，大家可以清楚明白，母子型態或者變型母子

型態，都可以作為進出交易的依據；以箱型區間的突破點做為買賣的交易，利用型態強弱與成交量的比較，即使不搭配任何特殊指標，一樣可以在市場輕鬆獲利。

　　我們最後做個總結，在這章節中我們很清楚的知道了型態之母子為何，進而透過關鍵 K 棒看到箱型整理的突破點，並運用比較法來確認走勢的力道大小，來作為我們進出市場的依據。

　　熟讀並熟悉這個章節，你可以捨棄煩人的複合 K 棒型態，成功進階成為中階交易者。

03 進階交易者
交易市場的輪廓

山川戰法之酒田五法

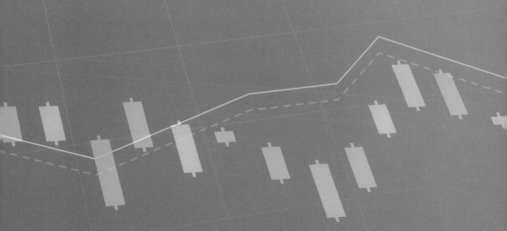

大家應該發現，在期貨市場或股票市場中，使用技術分析來操作的交易者，為什麼看的 K 線圖表都一樣，但各自解讀的結果卻大不相同？我可以跟大家說，其實差異就只在於對技術分析的理解程度不同。

　　我們學習了基礎 K 線理論，K 線是期指及股市技術分析最基礎的底子，我們必須學習它、感受它的意境，雖然這樣還不足以讓你在股市中獲利，卻是你在日後進入成功之路的不二法門。

　　說穿了，當你能深入 K 線的意境時，日後如果要學習更高深的理論，就能夠幫助你縮短學習跟摸索的時間，並且能與其他的理論融會貫通，進而整合起來，成為適合你個人的自我操作架構。如此一來，你必然會成為一個成功的交易者。

　　進階的交易者要規劃操作方向，要判斷大盤未來走向，通常會藉助技術分析中的波浪理論來做出一份股市規劃圖表。但波浪理論在應用上極為艱澀而嚴謹，要如何判斷目前所處的波段，到底是 1-2-3-4-5 的上升波或下跌波？還是整理盤的中 a-b-c 波？又或者是在 a-b-c 波中的哪一波段？一般程度的交易者很難做出正確的判斷。

就以下圖型為例，請問你能做出正確的判斷嗎？

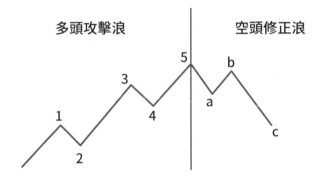

波浪理論的基礎架構

　　我以自己的親身經歷為例,多年來對技術分析做深入研究,我在這個領域有相當的見解,幾年前因緣際會,遇到了一個經常有海內外匯兌需求的老闆。當我對他說:「匯率是可以被預測的!」那時聽了我說的話,他顯出一臉的不可置信。

　　因為我沒有什麼顯赫的學歷,也不是什麼大家族出身,跟很多人一樣,我只是一個平凡的人;大家應該很清楚,這個社會上看的是學歷,重的是經歷,但我其實什麼都不怎麼樣。幸而這老闆仔細了解我所提出的看法之後,即使他似懂非懂,但因為賞識我,他願意給我一個機會。

　　於是我用了 2 個月的時間,以波浪理論來預測匯率的走勢,而結果也真如我所規劃的一樣,老闆看到以後,才願意相信匯率是可以被操作,而且可以被計算出來。就在那一年,我讓他公司的整體匯兌損失降低 80%。

　　我認為,人生還是需要學歷跟經歷,我只是比較幸運遇到能接受我的老闆;但在我的人生中,不是每一個見到的人,都能如此幸運。

如果你有接觸過波浪理論，你會發現要理解它，進而做出正確的操作，是非常困難的。我自己也是花了好幾年的時間去熟悉波浪理論，破解許多盲點，才能轉化為有效率的實際操作。

在波浪論的原著中提到，價格是用半對數圖來做運算；也就是說，波浪理論中的漲跌幅計算，用的是半對數圖（針對 K 線圖縱軸的價格取 log 值），而非對數圖。請大家注意，**目前市面上幾乎所有的看盤軟體都是以對數圖為主，根本無法計算出真正漲跌幅**，這常是交易者無法正確判斷波浪理論真正漲幅的一個原因。

後來我花了好幾年的時間去研究江恩理論（一些台灣書籍翻譯成甘氏理論），它裡面的四方圖才是真正的半對數圖；也就是說，四方圖搭配波浪裡的黃金切割率，才能將真正的漲跌幅解開。

其實把江恩理論與波浪理論結合是一個大工程，因為波浪理論中隱藏了二個關鍵，就是「半對數」與「波浪量」。而江恩理論所隱藏的技巧，就是當時間與價值呈現四方形時，那就代表盤勢轉變在即。

大致上，我都解開了這些隱藏的技巧跟關鍵，在計算上耗時耗力，終於將這兩項技術結合起來。我發現，這是所有技術分析中最頂端的操作，應該是所有從事技術分析的交易者畢生

追求的夢想。未來幾年，說不定我會再出一本探討江恩理論的書籍。

所以接下來我要提到的方法及技巧，就是要將波浪理論融入我們期指「酒田五法」之中，並且轉化成實際的操作。如果理論不能轉換實務的話，那只是個人的學術研究，無法幫助你賺到利潤。

在期指的高端波浪操作而言，許多人都是以數波浪為主，我這十幾年看下來，還真難得遇到有賺到錢的人。大多數的人，都沉醉在數波浪的迷失之下，最終還是迷失在理論中而無法做出正確的操作。但以我自己為例，我將波浪理論轉為實際操作的方法，就是**「見浪既是浪」**的操作，也就是我們接下來講的**「看勢不看浪」**的技巧，以下將用淺顯易懂的的方式來說明。

酒田五法介紹

對於研究波浪理論的交易者來說，操作上往往有其先入為主的觀念，這個觀念會影響個人的操作模式及慣性。除非你是高階的精進交易者，否則你所粗解的波浪理論，其實對你實際的操作幫助不大。

因此我將本身研究多年、K線經典中的**「酒田五法：三山、三川、三空、三兵、三法」**，依序套入到波浪理論的概論中，完成大盤K線盤勢規劃圖，這個效果跟波浪理論雷同，而且簡單易懂。

因此，從K線圖中也能洞燭先機，並且能夠規劃大盤未來走勢，這項技術分析確實是市場罕見，作者本身不吝公開其操作概念，結合K線實戰中渾然天成的山川戰法，希望幫助所有讀者們在期指交易市場占有一席之地。以下就是山川戰法之酒田五法的介紹：

酒田五法，是以「三」為中心思想，猶如道德經中所說，「一生二，二生三，三生萬物。」能融會貫通這個「三」，就能理解這五法。而酒田五法的五個精髓而言，就包括其中的三

山、三川、三空、三兵、三法，進而引出隱藏的高階形態學理論，也就是「三根定其型」的操作模式。

接下來，我們用圖形來理解什麼是酒田五法：

1－三山：頭部型態

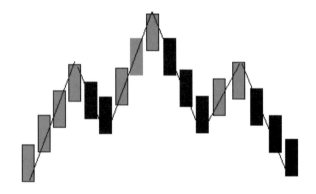

　　所謂三山型態，就是在連續的 K 線圖中，經過價格漲跌三次後，出現一個山型（山峰），在形態學中所指的是三重頂、頭肩頂，這也包含了酒田五法中的「上升三法」與「下降三法」。

　　但是「三山」型態可以放大或縮小來看，如縮小看，就是三根 K 棒所組合而成，我們注意到 K 線出現了「夜星」型態（第一根 K 棒長紅，第二根 K 棒為凸起的星型，第三根 K 棒長黑）；但更進一步來看，這三根 K 線則呈現了「三山」型態，就期指操作者而言，當三山型態完成，就是空方的機會。

2－三川：底部型態

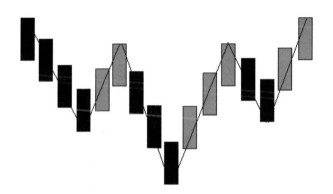

　　與三山型態相反，價格漲跌三次後，出現一個川型（山谷），這雖然也包括一般型態學中的頭肩底、三重底，但其主要精神在於三根 K 線所呈現出的訊號，同樣也包含了酒田五法中的「上升三法」與「下降三法」。

　　如同「三山」中所提到放大及縮小的應用，三根 K 棒會出現「晨星」型態（第一根 K 棒長黑，第二根 K 棒呈凹下的星型，第三根 K 棒長紅）。就期指操作者而言，當三川型態完成，就是多方的機會。

3 － 三空：確認型態

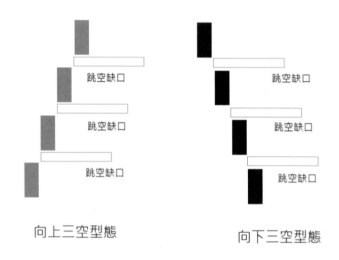

向上三空型態   向下三空型態

　　因跳空而出現了價格「缺口」，通常用來作為大盤未來方向的確認。第一個缺口代表買盤或賣盤力的力量強大，也就確認了未來走向為多或空；第二個缺口則代表多空方向的續走，力道持續；第三個缺口，則是後知後覺，或之前觀望中的買盤或賣盤覺醒，進入市場操作。

　　這個三空型態也隱藏了期指操作中的「高階缺口理論」，當然有待各位讀者去發掘。我在這裡介紹其中一個比較簡易的高階用法，**「就短線而言，缺口不補，方向持續。」**當最後一個價格缺口被填補時，這波趨勢就是結束的時候，在後續章節我會再做說明。

4－三兵：連續型態

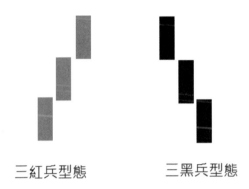

三紅兵型態　　　　　三黑兵型態

　　三兵型態是三根連續方向的Ｋ棒，而且是連續的三根紅棒
或三根黑棒，代表市場走向持續朝原來趨勢前進。當出現三兵
型態時，市場是處於極度樂觀、或極度悲觀的狀態。在市場心
理學中，這代表一種明確表象的趨勢盤，也等同是波浪理論中
第三波浪主升段，或者修正浪的主跌段的高階用法。如何將三
兵型態運用在盤勢操作中，這部分我們在後面章節會討論到。

5－三法：整理型態

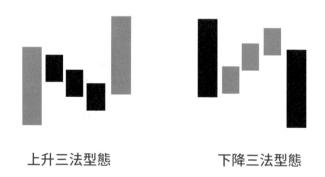

上升三法型態　　　　　下降三法型態

　　三法指的是波段攻擊後的休息，也就是盤勢進入整理型態，這其中包含了「上升三法」與「下降三法」。請大家注意以上圖形，停歇並非轉向，因此趨勢並未改變，只是大盤進入了整理階段。

　　一般來說，三法普遍為人知悉且應用，進而引出「空間規畫與測幅理論」、「箱型理論」、或是型態學中 a－b－c 波段攻擊理論，這些在後面的章節，我都會詳細解說。

酒田五法之基礎架構規畫

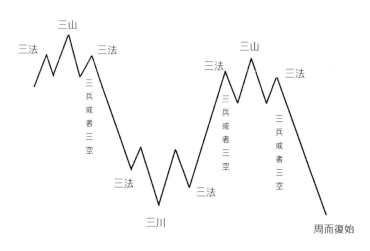

三山

三法　　　　　　三法

三兵或者三空

三法　　　　　三法

三川

三山

三法　　　　　三法

三兵或者三空

三兵或者三空

周而復始

山 川 戰 法 規 畫 圖

　　這一張圖表，就是我山川戰法獨特之處，將酒田五法融入波浪理論的市場操作技巧，也就是我在這章節前面所提到的，**「取其型作規畫，用其勢作為交易基礎。」**

　　再者，把波浪圖形與酒田五法基礎架構的圖形整合後，我們不難發現，波浪理論的運作與酒田五法確實有其相同之處。這就是我對技術分析原理「一法通，萬法通」的理解。

波浪理論與山川戰法的結合

山川戰法與波浪理論 結合規畫圖

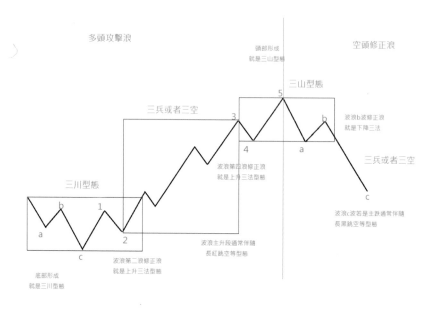

　　簡單來說，就是將酒田五法的規畫圖融入波浪理論元素，形成五浪的型態規畫，以型與勢突破其波浪理論進而轉成實際交易的操作。我們以圖例來說明：

底部形成

第一段波浪，就是三川型態完成（底部形成）。

第二段波浪，就是上升三法的型態完成（修正浪）。

第三段波浪，就是三白兵或者三空的完成型態（主升浪）。

第四段波浪，就是上升三法的型態架構完成（修正浪）。

第五段波浪，就是三山型態完成（頭部形成）。

頭部形成

a 浪的形成，就是三山型態與下降三法的完成（頭部形成）；b 浪的形成，就是下降三法的完成型態；而 c 浪則是三黑兵或者三空的完成型態。市場走勢則以這個定理，周而復始，一直循環。這就是山川戰法精髓 -**「以型與勢破浪」**的法則。

上述圖形的意義為何？波浪理論本身重理論大於實際交易，要將理論轉為有效的實際操作，關鍵在如何定目前處於哪個位階的波浪？能否看出波浪的「勢」？並藉由波浪的「勢」，看出市場目前是屬於攻擊浪、還是修正浪？大盤目前是在主升段、還是主跌段？進而找到最佳的交易策略。

同樣的，酒田五法也是藉由五個法則，來定位目前市場的「勢」為何？進而採取適當的交易模式，進而擬定勝算最高的交易策略。

　　進階的山川戰法規畫，就是結合酒田五法的架構來完成大盤規畫圖。而如同波浪理論的定理，「上漲波以及下跌波的完成，將會完成另一個更高級數的波浪。」山川戰法規畫圖也會不斷的循環。簡單來說，山川就是頭部與底部的操作戰法。

　　我們將用圖例來告訴大家，細用波浪理論的角度去端看，就能明瞭波浪理論的每一波特性與勢的關係結構。這是市場上創新的技術，「將 K 線型態融入波浪理論中，藉由型與勢的定位，確認波浪處在哪個階段，來擬定最佳的市場操作策略」。

酒田五法大盤規畫圖

範例一

2013 年 5~8 月大盤走勢圖

　　這一張是大盤酒田五法的規畫圖表，從圖表中，我們可以清楚看出運用酒田五法，就可解讀出大盤形態，進而規劃大盤未來走勢。

　　如圖所示，「三山」的架構就是頭部，也就是波浪理論的

高點;而在頭部形成之際，出現了所謂的反彈逃命波，這就是「下降三法」，這也是波浪理論中的下跌波中的反彈 b 波，然後進入主跌 c 波，在酒田五法中，這時由「三黑兵」或者「三空型態」所組成。

我們不用在意波浪是否出現延伸波，但要注意其山川形態所隱含的勢，來判定這段波浪屬於第幾波段。當三川型態完成，意味著打底型態完成，也同時是「上升三法」的完成，接下來以「三白兵」或者「三空型態」進入三段的攻擊波，指數創高後，反轉進入頭部完成，三山形態就此完成。同樣的型態會週而復始，反覆交替。（P.S.「三白兵」是變形三白兵，這一點之後的章節將有注解。）

規劃大盤 K 線圖型，對於交易者而言，有其意義存在，不但可以用在實際操作上，更可以觀察其型態，進一步推演市場行進方向，找到適當的進場交易時機。

然而在大部分的圖表裡面，並不能夠完整的觀察出大盤走勢，就像波浪理論一樣，無法完全做到進場時機的精準定位，常常有那種「怎麼永遠少那一個浪」的遺憾。

但我們可以用「型與勢」的判斷，來確認波浪級數位置，畢竟高階的山川戰法，不同於波浪理論注重在波浪的規劃，重點在於**「型與勢的辨識」**，將型與勢結合，便能輕易辨識，有

助於大盤行進規劃並且進行交易。

　　從小到大，我們總會遇到某個領域的天才，無論我們怎麼努力，永遠追不上這種人，我們都認為是他的智商比較高，但這不全然；至少在期指或股市操作中，只要掌握了對的方法，你也可以成為人人稱羨的賺錢天才。

　　這樣說好了，比如打麻將，有些人可以從你的臉部表情跟肢體動作，看出你目前拿的牌型，猜出你在想什麼，推算出你出牌的慣性；又例如釣魚，有些高手特別會釣魚，因為他了解魚類的屬性，依據溫度、氣候、水域型態，選擇適當的釣法及釣餌，自然釣得比別人好。

　　我覺得這些並不全歸功於智商，而是對特定的事物掌握了一種感覺；在期指與股市中，我們稱它作「盤感」，而盤感是可以藉助後天訓練的。

　　「勢」的高階用法就是盤感的訓練，一張裸K的K線圖，要能發現其中隱藏了多少祕密，靠的就是盤感的訓練。同樣一張K線圖，大家用來看盤的工具都一樣，為什麼有人會贏、有些人會輸？關鍵差距就在於盤感，而這就是期指市場跟股票市場勝負的關鍵。

　　世上沒有多少天才，或者這樣說吧，你我都不是天才，但

是透過訓練，你仍然可以成為贏家。在期指市場及股市經歷那麼多年後，我發現贏家與天才永遠沒有等號，因此期待你做的，不只是熟悉操作技巧，更要訓練盤感。

「勢」的精髓

酒田五法之上漲波的規畫

漲勢的開始，在於三川形態的出現，我們稱之為上漲波。從標準圖形來看，**「新手看支壓，老手看破勢」**，大盤跌勢行進中，低點之後還有更低點，扭轉盤勢全看「勢」。

當你能洞悉下跌結構的變化，當跌無可跌，指數不再創新低，又能突破前一波段的高點時，就是上漲啟動的契機。在下跌的過程中，前一波段的反彈高點就是大盤最近的壓力點，我們稱為「前高」，也就是無法改變下跌的「勢」，因此大盤突破前波高點時，就是趨勢扭轉的時候。

如果轉換成圖形來看，三川型態的出現，代表就是底部或者短底形成。雖然並不是所有圖形的底部都是由三川型態完成，但從圖例中，我們看出底部或者短底的形成後，就會產生「勢」的突破點，其理論源自於道氏理論。

標準的底部型態

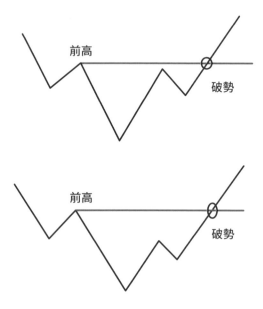

不規則的底部型態

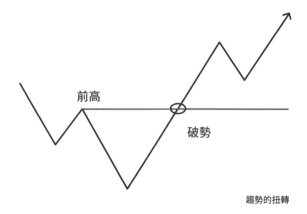

趨勢的扭轉

從上圖中，我們看到不規則的底部圖形，雖然大部分的走勢都是呈現不規則底部，然而從上述 2 張圖表中我們不難發現，其中所謂「勢」的突破點，就是前高的位置，因此對於趨勢的行進，盤勢扭轉的前兆就是：走勢碰觸並突破前高位置。

標準底部三川圖形，趨勢反轉

交易日期：2010 年 1 月 28 日至 2010 年 3 月 11 日，

　　這是一張標準底部三川圖形，在下跌波結段束前，唯有前高被觸及時，才有可能是趨勢反轉徵兆，當前高被觸及後，我們可以運用關鍵 K 棒的前低，作為停損點進行試單。

善加利用此點，可強化對於趨勢敏感度的增加，同時又可處於先機，增加獲利機會。

不規則底部圖形，趨勢反轉

交易日期：2018 年 6 月 21 日至 2018 年 8 月 1 日

　　這是一張不規則的底部型態，在下跌波段結束前，高點被觸及，趨勢反轉在即，這是趨勢反轉的徵兆，前高位置的被突破，代表確認性的趨勢反轉。

不規則型態，中繼型態趨勢反轉

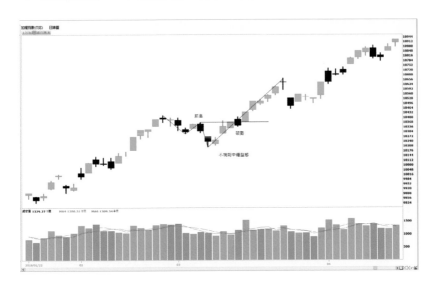

交易日期：2019 年 2 月 26 日至 2019 年 3 月 22 日

　　這是一種不規則中繼型態的趨勢反轉，通常這種情形是發生在趨勢行進間，指數並未大幅度回跌所產生的停歇型態，有時候會以三法型態來表現，有時會有這種不規則型態產生。從圖例的中繼上漲段我們看出，唯一不變的真理，是前高被突破而產生的破勢點。

　　趨勢扭轉，就是底部型態或者中繼上漲型態的形成，當前高被突破，就是型態的最後位置，也就是型態被突破，即攻擊的開始。

酒田五法中下跌波段的規畫

　　跌勢的開始，在於三山形態的出現，我們稱之為下跌波。結束的起點都是由破勢開始，扭轉盤勢全看「勢」。洞悉下跌結構的變化，當漲無可漲，不再創高，卻能跌破前一波低點時，就是啟動下跌的契機。在上漲的過程中，前一波創高之後回檔的低點即是最近的前低，跌破前低，即無法改變下跌的「勢」，因此跌破前波低時，就是趨勢扭轉時。

　　轉換成圖形來看，三山形態的出現，就代表頭部或短期頭部的形成。雖然並不是所有的圖形底部都是由三川形態完成，但從圖例的精髓看出「勢」的破壞就是底部或者短底的形成，其理論源自於道氏理論。

標準頭部

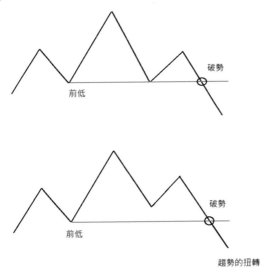

前低

破勢

前低

破勢

趨勢的扭轉

不規則的頭部

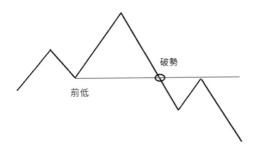

前低

破勢

趨勢的扭轉

從上面兩張圖例我們可以發現，雖然大部分的走勢都是呈現不規則頭部，然而其中所謂「勢」的突破點，就是前低位置，因此對於趨勢的行進預測中，盤勢扭轉的前兆，就是大盤觸及前低位置。

標準頭部趨勢反轉圖

交易日期：2009 年 5 月 14 日至 2009 年 6 月 18 日

這是一張標準頭部三山圖形，在上漲波段結束前，前低被觸及，是趨勢反轉的徵兆。當前低被觸及後，即可用關鍵 K 棒的前高作為停損點進行試單，善加利用此點，可強化對於趨勢的敏感度，同時又可處於先機，增加獲利機會。

不規則頭部圖形趨勢反轉

交易日期：2013 年 5 月 13 日至 2013 年 6 月 07 日

　　這是一張不規則的頭部型態，在這個圖例中，上漲波結束前，高點被觸及，趨勢反轉在即，這是趨勢反轉的徵兆，前高位置被突破，代表未來趨勢反轉有一定的確認性。

不規則型態中繼型態趨勢反轉

交易日期：2010 年 5 月 07 日至 2010 年 5 月 25 日

　　這是一種不規則的中繼型態趨勢反轉，通常這種型態都是在趨勢行進間、所產生的停歇狀態，有時候會是以酒田五法中的三法型態來表現，有時候會在這種不規則的型態中產生中繼下跌段，但唯一不變的是前低被跌破時、所產生的破勢點。

　　趨勢扭轉就是頭部型態或者中繼下跌段型態的形成，當前低被跌破，就是型態的最後位置，也就是型態被突破，即攻擊的開始。

最後我們做個總結，漲勢的終止在於三山形態的出現，也就是頭部出現之後的下跌走勢，我們稱之為下跌波。跌勢的終止在於三川形態出現，即底部出現之後的上漲走勢，我們稱之為上漲波。對於上漲波與下跌波的定義有初步的理解，有助於我們預測大盤行進方向，進而判定進場的時機，將有效提升我們交易時的獲利率。

　　波浪理論重在浪段的規劃，山川戰法重在型與勢的觀察，將型與勢結合，將幫助你對於趨勢變化有更深的一層了解，加強操作的準確度。

　　從事期指及股市交易這麼多年，我深深感覺，也許你覺得看趨勢走向簡單，但有一天，當你開始交易的時候，你會發現，方向比指數或股價的高低更加重要。**「交易失敗的人，往往都是迷失在方向的錯誤判斷中」**。由許多慘痛經驗中生出警惕，是只有在市場上經歷深刻體驗的人才能懂得的領悟。

　　接下來的章節，我們將深入討論酒田五法的另一層涵義。

04 高階交易者
酒田五法三山型態精要
什麼是三山型態?

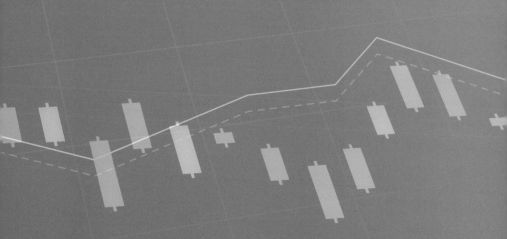

我們用以下圖例，來解說酒田五法的三山型態。

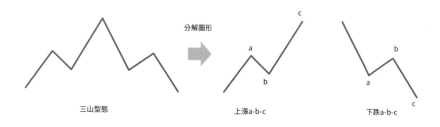

三山型態出現，隨即而來的就是大盤的頭部型態或者短期頭部型態，這個觀念對於交易者格外重要。但對於頭部訊號的出現，一般初學者若單純只用「價＋型態」來確認，明顯不足。

頭部或短期頭部的產生，伴隨而來都是背離。而背離可以用量能以及其他簡易指標來確認，但都必須與價位作雙重確認，否則操作時容易陷入個人的預設立場，而產生交易虧損。一般而言，在大盤末升段與末跌段都會產生背離，而背離可分成「量能背離」、「指標背離」二種：

1. 量能背離：以上漲段而言，當價格創高，但成交量未跟上，這是量能背離。

2. 指標背離：以上漲段而言，當價格創高，指標沒創高，就是指標背離。

我們用很簡易的 KD 指標，就可以輕易發現背離的狀態。

但各位讀者有注意到嗎？我們所用的背離，都是以價格來做參考對應，以我本身交易這麼多年的經驗來看，只要是期貨商品，都存在著主力控制價格的情形，當價格被控制，就等同指標被控制（都是利用價格去計算出來的），此時，指標都會失真。

這麼多年的交易經驗告訴我，什麼因素不受主力控制呢？目前看來只有「成交量」跟「力差指標」。成交量是分析的準則，透過成交量看到市場的貪婪跟恐懼，那是一項高端技術；而力差指標則是能讓市場主力現形的指標，這種指標就比較少見，一般交易者很難上手。

如果能把這兩種技術分析融為一體，在期貨市場上將是無敵組合。但如何精進，就有賴各位讀者去發掘了。

專業操作者的策略

　　我們將其三山圖型分解為 2 個 a － b － c 波，分成上漲 a －
b － c 與下跌 a － b － c 波。三山圖型的意義，對於高階操作
者而言，其操作上可分為左側的觀察期、與右側的交易期。

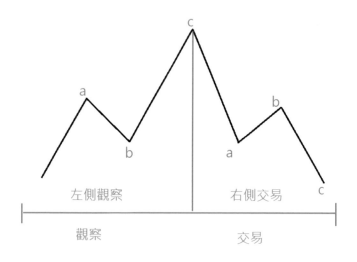

　　從圖例觀察交易的邏輯，當左側 a － b － c 上漲波段完成
時，通常是頭部或短期頭部型態的出現，伴隨而來就是相對樂
觀的市場心態。當價位的上下波動劇烈，但交易量卻開始下降，

而且比起一般的交易波段更為明顯。但如何抓到正確的進場時機，這是一種高敏感度的訓練。

許多人交易時往往會忽略一件事情，就是型態本質。漲勢末端必然產生背離，背離的表象就是左側觀察，以上這張圖雖然簡單，但圖形要說明的是「停歇觀察」。學會停看聽，才能做出最佳判斷，完成高度的盤感訓練，

就簡易的交易方式而言，就是用「型態破勢」輔佐「指標」來作雙重確認。但由於價格一旦確認頭部形成，伴隨而來的就是交易者的樂觀心態，貪婪因此而生。此時交易者大量進場，在正常情況下，價格的波動變得極快，對於敏感度高的交易者，這樣的情形將提供進場交易機會。

所以左側觀察是預備動作，觀察價格是否異常波動；而右側就是準備交易的時機。作為一個專業的交易者要具備這種從容不迫的心境，避免過早進場。

三山型態的交易概念

當右側當完成 a－b－c 下跌段時,頭部與短期頭部的破勢點,就是價位的確認點,我們可以用量能與指標背離來做雙重確認。如以下圖例解析:

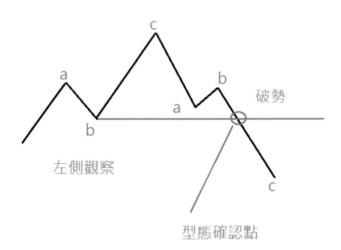

這張圖表對於價位的確認,提供了明確的交易邏輯概念,也就是說當上漲段 a－b－c 完成時,只要跌破上漲段的 b 低點時(破勢點),頭部與短期頭部的型態就能被確認。但要完成一筆成功的交易,仍然需要做指標的確認。而專業的投資者

就是要從左側觀察來了解型態本質,降低交易的風險。

範例一

　　這張圖表是台指 5 分 K 線圖,表示出標準的頭部三山型態反轉。

　　對於一般的交易者而言,只要利用三山型態破勢,搭配 KD 指標背離反轉,就可以進場做初步交易。而對專業交易者,則可以在左側觀察中發現背離模式,進而以量能背離及價格的跳動來做為輔佐,抓到更正確的進場時機,獲取更高利潤。**「漲勢末端必有背離」**,這是鐵律,所有交易型態模組都是如此。

這也是我們在上一章節一直強調的，同一張 K 線圖，大家手上使用的工具都一樣，為何會有贏家與輸家的差別？盤感的練習與技巧熟練度的提升，對未來要成為專業的交易者，絕對必要。

範例二

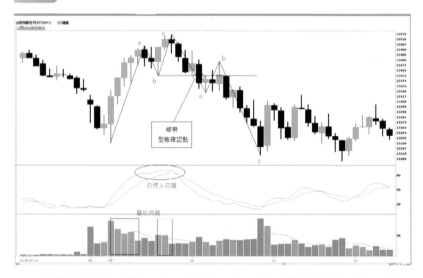

　　這張圖表是台指 5 分 K 線圖，表示出不規則頭部型態反轉。對於一般的交易者而言，只要利用三山型態破勢做交易就可以，當然利用破勢來交易就已經很安全，但沒有利用指標背離做輔助，心中難免不踏實。一個專業的交易者，就會使用左側觀察法，用成交量作來做比對，他可以很清楚發現「量能背離」的

狀態，這時候如果再出現破勢型態確認點，就是完美的進場交易時機。

　　而有交易就會有恐懼，這點所有交易者都難以避免，於是大家會期待、並尋求所謂的「期指／股市不敗聖經」，於是他們把交易的觀念複雜化了，認為使用越艱澀的技術分析理論，就越容易獲利。

　　我鄭重的告訴大家，這樣的認知是錯誤的。交易時把交易的規劃簡單化，把握住關鍵型態，盡量貼近盤面，這樣就可以了。專業的投資者，大都只是做簡單的交易而已。

　　要用最簡方式看出盤面的多空狀態，這需要時間來做訓練。或許你我都不是天才，但在期指的市場上，贏家從來不是與天才劃上等號的。只要用正確的心態看待市場，你就是下一個贏家。

　　專業交易者對於左側交易敏感度的訓練，就是預測當頭部出現的區塊，也因為上漲行情是由金錢疊堆出來，一旦所謂的頭部型態出現，隨後而來的下跌速度將會很快。因此，在操作上也要特別注意盤勢的變化。

　　價位的變化在頭部型態中，都有「價位的跳動明顯擴大」的慣性，而且一定會產生指標背離現象。以上圖來看，當指數

跌破上漲 a－b－c 的 b 低點時，加上背離指標出現，就是進場的確認訊號。

　　操作上需要特別注意，而且當 b 點被漲破與跌破時，都會產生交易模式的撞擊，如同人的心理層次，是該加碼、還是該停損？這種心境的波動，稱之為交易心理學。學習交易心理學，看出市場上交易者的心態，並預測大盤未來走向，是所有專業交易者必須具備的技術。

　　然而在期指市場上，我們常看見波動中快速交易的成交位置，我們稱之為「衝擊點」，而衝擊點的位置就會產生關鍵 K 棒。關鍵 K 棒是市場心理學重要的一個環節，要如何做好關鍵 K 棒的應用，我將在以後的章節中解說。

進階的交易邏輯

　　從三山型態的解析中，我們可以發現所有的型態，基本元素都是由 a－b－c 上漲波，或由 a－b－c 下跌波所組成，我們把分析原理套入波浪理論中，便可全解盤勢。

三山型態

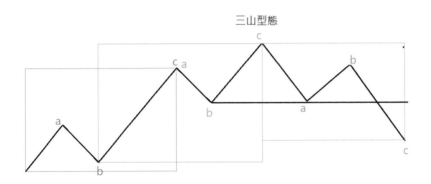

　　從以上圖型中不難發現，所謂的五波上漲與三波下跌，共同組成了「八浪狀態」，換句話說，就是由二個上漲 a－b－c 波段，加上一個下跌 a－b－c 波段所組成的八浪狀態。這說明後續我們要研討的山川戰法，都是以 a－b－c 攻擊，來串起所有的 K 棒聯結型態，並設定市場操作的手法。也就是說，

看破波浪，就能「一法通，萬法通」。

三山型態即為ａ－ｂ－ｃ標準操作手法，這也延伸出高階的ａ－ｂ－ｃ操作模式。如下圖所示，我來詳細說明ａ－ｂ－ｃ波段的操作法則。

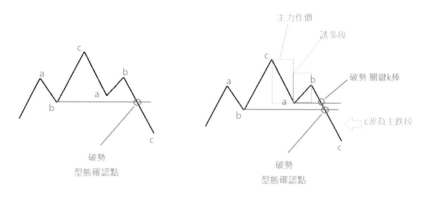

圖例中所謂的「**標準ａ－ｂ－ｃ操作手法**」，其重要性在於「破勢」的形成，當左側ｂ點被跌破時，代表盤勢由多方轉為空方。因此左側ｂ點一旦被跌破，市場上產生的交易心理，就是轉勢的開始；要進一步辨別**趨勢**的扭轉，左側上漲段ｂ點的位置相對重要。

而「**高階的ａ－ｂ－ｃ操作手法**」則涵蓋市場心理學，代表的是進場的方式。

當頭部產生時，預期的下跌段ａ稱之為主力作價階段，代

表市場主力製造出拉回買進的誘惑。

因為市場心理是處於相對樂觀的狀態，通常在上漲段左側 a－b－c 波段的 b 低點，就會被擋下後再爬升產生一個「誘多段」，而這個誘多段通常伴隨着交易量萎縮。因為市場處於一個反彈階段，專業投資者不會在此進場，只有零星的交易者會進行交易，也是就我常在說的**「反彈無量」**。

指數拉不過高點，反而破低進入主跌段，當跌破下跌段右側 a 點時，就會產生衝擊點，也就是關鍵 K 棒的位置。此點的產生將對市場多方造成衝擊，這代表下跌段右側的反彈 b 波結束。

專業的交易者會認為，上漲不過高反轉殺破低的型態已經產生，開始將多方出清且反轉而下，於是空單追擊，造成這個區域劇烈波動，成交快速。而當跌破上漲段左側 b 的低點時，這已經是最後的**趨勢確認**位置，也是最後的多單逃命點。因為大盤的**趨勢**已經被扭轉，所以稱此點為「破勢點」，破勢點也就是關鍵 K 棒所在。

學習分析 **K** 線型態所產生的交易心理學，如同學習 K 棒就要學習模擬交易的情境，要能深入了解每一個關鍵 K 棒帶來的衝擊，並且辨別出趨勢扭轉的確認點，這是每一個專業交易者必備的技術。

高階比較法的運用

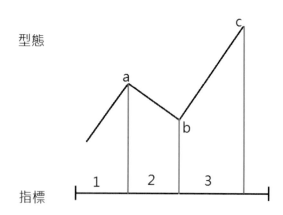

如以上圖例所示，左側的 a－b－c 上漲型態，是確認頭部的重要依據，但可以用指標或量能為判定的依據。在用法上，是把 a 與 c 為作為比較的確認點。

這是一種高級比較法的運用，在於判定是否背離的現象。

一旦背離出現，將顯示出右測下跌 a－b－c 波段的威力。其下跌力道將遠比沒背離時的左側上漲 a－b－c 波來得兇猛。如果沒有背離狀態發生，通常代表大盤上漲過熱，回檔修正，

拉回後再走高的型態。

　　如果 b 波出現下跌，我們要以觀察成交量的變化為主。如圖所示，我們可以很清楚看到，如果將上漲的 a － b － c 分成三個區域，拿第一上漲段與第二個上漲段來做比較，當第 3 區域與 1 區域比較時，如果其指標產生背離狀態，就完成初步的頭部訊號。高階的背離，則是以第 3 區域直接與第 1 區域做比對，比對的重點在於背離型態的大小。

　　波與波的背離，可用在任何型態的上漲與下跌，高階背離法的運作，需要把一根一根 K 棒拿來做比對。這是身為專業交易者、也是短線當沖者必備的技術。

高階比較法的用法差異

以第 3 區域跟第 1 區域的背離拿來做比對，當然比只看第 1 區域的背離威力大得多。只看第一區來做背離比較，比較適用於快速交易者。而一般交易，以及使用慢速交易的交易者，可用第 3 區與第 1 區的背離來比較。這種比較法跟波浪級數的比較法是相同，都可作為有效且可信賴的技術分析手法。

如以下圖例所示，右側的 a－b－c 下跌波段，是在確認「破勢「的型態，其中 a 下跌段，我們通稱為主力作價下跌段，此段交易者通常是以觀望為主， b 波上漲段則以觀察為主， c 波則是進場交易的時機。

但最好與左側 a－b－c 波段產生的背離比較，如果左側上漲 a－b－c 波沒有背離狀態，通常盤勢會以小幅修正為主；但若是背離上漲，那麼右側 a－b－c 波的跌勢，將可預期是一波比較強勢的跌勢。

但這也需配合頭部反轉型態的破勢，依序順盤勢交易。而專業投資者可利用右側交易邏輯，拆解下跌段之 a 到 c 的區間，是否量能與指標之間有背離關係，做為極短線交易進出的依據。

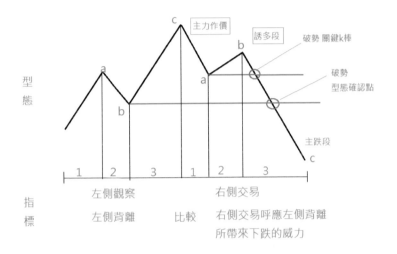

型態

a
c
主力作價
誘多段
破勢 關鍵k棒
b
破勢
型態確認點
a
b
主跌段
c

1   2   3   1   2   3

左側觀察   右側交易

指標

左側背離   比較   右側交易呼應左側背離
所帶來下跌的威力

範例三

這張圖表是台指 5 分 K 線圖，從圖形來看，可以很清晰的作出左側觀察，當上漲的 a－b－c 波指數創高，指標並無背離，量能也無背離。指數創高而指標未出現背離狀態，即使大盤跌破上漲的 a－b－c 波的 b 低點，出現所謂的破勢，但破勢之後並無大跌跡象，反而橫向盤整許久，直到尾盤才再度下殺。尾盤在下午 1:00 過後，就是我們在第一章節所說明的主力作價階段，是為了明天的**趨勢型態**作準備。

範例四

這張圖表是台指 5 分 K 線圖，從圖形來看，可以很清楚的看到左側觀察有背離現象，當上漲 a－b－c 波創高，但指標

背離，量能也背離。第一階段的破勢關鍵 K 棒出現，就是大盤轉空點。破勢型態的確認點出現，就是趨勢反轉的徵兆，但專業交易者會再細分其走向。

我在這個章節有提到，山川戰法都是以 a－b－c 波段的攻擊，串起所有的 K 棒聯結型態與交易操作手法。我們從圖例 A 與 C 之間的關係，可以發現當量能背離發生時，就是止跌訊號的出現。做為一個專業投資者，要有相當的敏感度，當價格在破低時出現背離，如同前文一再所提，漲勢與跌勢末端都必有背離，空方當下要隨時抽離，這就是高盤感的交易技巧。

從分析前面的幾張圖例，我給一般交易者一個提示，所有型態的買賣點並不會以固定形式出現，如果你把每一波都拿來細分比較，就可以輕易發現其不同之處，進而在市場上做出正確判斷。因此，如果交易者的技術分析基礎功不夠純熟，很難在期指市場上生存。

交易者要能熟悉整個 K 線交易的邏輯理論，**「型態是一化萬千，但交易卻萬千化為一」**，並了解高階交易邏輯中、起漲與與起跌之間的變化因子（轉折與比較），進而轉換為自己的實際交易模式，才有可能在這期指市場及股海中生存。

在這裡我們做個總結，一樣的 K 棒，一樣的型態，走勢卻會大不相同。專業的高階交易不是只看型態而已，還要能參考

指標與量能，細分其比較強弱。當你了解了型態與指標量能的關聯性，就能明白自己在實際交易時的盲點在哪？用型態為主，搭配量能或者簡易指標，進而提升自身的獲利率·這是成為專業交易者必備的技術。

p.s. 圖例指標都是 KD 指標（設定值為 9），但我把數字都遮掉，用意在於比較高低，而非是看數字大小。這也是比較法的一種運用，我們在看 K 棒的時候，視覺不自主的都被紅黑兩色顏色所吸引，或者是被盤勢震盪給吸引，而忽略了 K 棒的跳動次數與相對位置。

觀察指標也是如此，許多人在意的是高檔區與低檔區的數值，被數值高低所吸引，而忽略比較法的存在，希望你能跳脫這個框架，看盤技巧才能有所進步。

05 高階交易者
酒田五法三川型態精要
三川型態解析—頭肩底型態

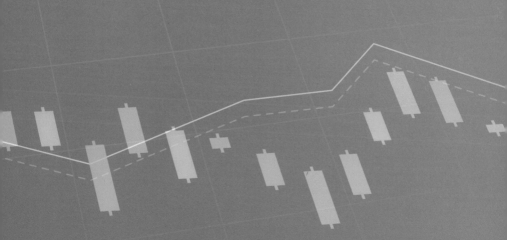

以下為三川型態的圖解：

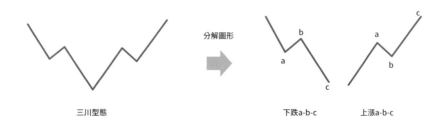

分解圖形

三川型態　　　　　　　　　　　　下跌a-b-c　　上漲a-b-c

在開始解說三川型態前，請先回顧一下上一章節所討論的三山型態。

三山型態所討論的，是上漲波頭部或者短期頭部的訊號。而三川型態的出現，則代表底部或者短期底部即將產生，對於交易者而言相對格外重要；但對於底部訊號的確認，一般初學者若單純只用「價格」及「型態」來確認，明顯不足。

伴隨底部或短期底部的產生的訊號是背離。而背離可以用量能及其他簡易指標來確認，但都須必須跟價位來作雙重比對，不然在買賣操作上容易陷入預設立場而產生虧損。

在整體末升段與末跌段都會產生背離，而背離可分成「量能背離」、「指標背離」二種。

- 量能背離：以下跌段而言，當價格創低，但成交量未跟上，為量能背離。

- 指標背離：以下跌段而言，當價格創低，指標卻沒創低，就是指標背離。

　　指標背離部分，若我們用簡易的 KD 指標，就可以輕易發現背離的狀態。

專業操作者的策略

　　我們將其三川圖型分解為 2 個 a － b － c 波，分成下跌 a －
b － c 與上漲 a － b － c 波。三川圖型的意義，對於高階操作者
而言，其操作上可分解為：左側觀察期及右側交易期。

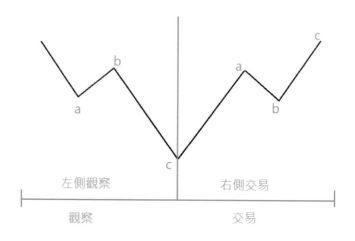

　　從圖例來看交易的邏輯，當左側 a － b － c 下跌段完成時，
通常是底部或短期底部的出現，伴隨而來就是相對悲觀的市場
心態，當價位的上下波動次數更加減少，而且交易量不斷下降，
這意味著悲觀情境濃厚。

這種觀察及感受，是一種高度敏感度的訓練。許多人急於交易，卻往往忽略一件事，就是型態的本質：**跌勢末端必有背離，背離表象就是左側觀察**。而這張圖所要說明的就是「停歇觀察」，要停看聽，才能做出最佳判斷，完成高度的盤感訓練。

就簡易的交易方式而言，就是用「型態破勢」輔佐「指標」來作雙重確認。但由於價格一旦確認底部形成，伴隨而來的就是交易者的悲觀心態，恐懼心理因此而生。此時交易者減少操作，在正常情況下，價格的波動變得緩慢，對於敏感度高的交易者，這樣的情形將提供進場交易機會，也符合所謂「千日打底」的操作原則。

所以左側觀察是預備動作，觀察價格跳動的次數是否有異常，而右側就是準備進場交易。作為一個專業交易者要具備這種從容不迫的心境，避免進場的恐懼。

三川型態交易概念

當右側當完成 a－b－c 上漲段時，底部與短期底部確的破勢點，就是價位的確認點，我們可以用量能與指標背離來做雙重確認。如以下圖例解析：

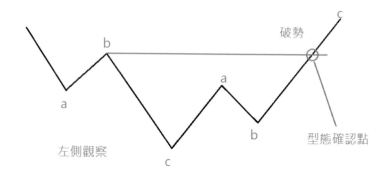

這張圖表對於價位的確認，提供了明確的交易邏輯概念，也就是說當下跌段 a－b－c 完成時，只要漲破下跌段的 b 高點時（破勢點），底部與短期底部的型態就能被確認。但要完成一筆成功的交易，仍需要以指標來確認。而專業的投資就是要透過左側觀察來了解型態本質，降低交易的風險。

　　這張圖表是台指 5 分 K 線圖，表示出標準底部三川型態反轉。對一般交易者來說，只要利用三川型態破勢，搭配 KD 指標背離反轉，即可作出初步交易。然各位讀者不妨仔細比對，為何破勢後行情如此之大，是否有徵兆？做為一個專業交易者，看的不只是型態而已，更要注重細微的變化。

　　就型態來看：跳空越過下跌 a － b － c 的 b 點，形成破勢確認點，在氣勢上如同之前我們所提，跳空越過壓力，讓你想賣都捨不得賣，氣勢強勁。

　　就成交量來看：在破勢之後的上漲 a － b － c 中，仔細比

對 c 段的成交量，大家會發現成交量一直放大，這代表有量就
有價的形態。

綜合以上兩點觀察，就能看出後續強力上漲的格局。

這張圖表是台指 5 分 K 線圖，說明不規則的底部三川型態
反轉。要看出弱勢反彈，需要一些隱藏的高端看盤技巧，對一
般的交易者來說，只要利用三川型態的破勢，搭配 KD 指標背
離反轉，就可以簡單完成交易。對專業交易者而言，則可以再
利用左側觀察，發現成交量並未符合背離模組，因此在交易上
要格外小心。

之後，在第二組 A－B－C 波段，才真正產生破勢型態的確認點，比對左側與右側 K 棒數量以及成交量的差異，不難發現漲勢如此之弱的原因。

我這裡帶出一個交易邏輯，當指標與成交量衝突時，何者為真？如同上一章節所提，**成交量才是真實的**。做為一個專業交易者，在交易路上都是以成交量為主。

專業交易者對於左側交易時的敏感度訓練，就是當底部位置出現時，市場心態通常是相對悲觀的，人性的恐懼就此出現。也因為下跌行情是由人性的恐懼堆疊出來，一旦出現所謂的底部型態，下跌速度將趨於緩慢，在操作上就要特別留意其變化。

價位的變化在底部型態中，都會有價位跳動明顯萎縮的情形發生，而且一定會產生指標背離的現象。當指數突破下跌 a－b－c 的 b 高點時，就是確認的訊號，操作上就要特別注意。

而且當點被突破與跌破時，都會對交易心態產生衝擊，如同人的心理層次，該停損還是繼續加碼？這種心理波動，就是我之前提到的交易心理學。在期貨市場上，常會看見交易快速的成交位置，我們稱為衝擊點。而衝擊點的出現就會產生關鍵 K 棒，這根關鍵 K 棒就是市場心理學中一個重要的環節。關於 K 棒應用，我們將在後續酒田三法的討論中詳細說明。

進階交易的邏輯

　　從三川型態的解析中,我們可以發現所有型態的基本元素,都是由 a－b－c 下跌波或上漲波 a－b－c 組成,將分析原理套入波浪型態中,便可全解盤勢。

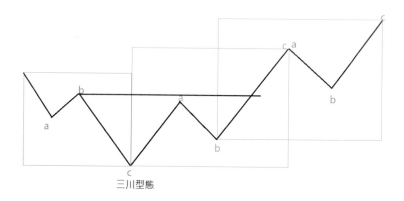

三川型態

　　從以上圖形不難發現,所謂的五波下跌與三波上漲,共組成了「八浪狀態」,可以由一個下跌 a－b－c 波段與二個上漲 a－b－c 波段所組成。這說明後續我們所要研討的山川戰法,都是以 a－b－c 來做攻擊,串起所有的 K 棒聯結型態,並設定市場操作的手法。

三川型態即為標準操作手法，這也延伸出高階 a － b － c 操作模式。如以下圖例，我來說明 a － b － c 波段的操作法則。

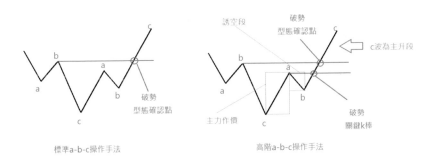

標準a-b-c操作手法　　　　　高階a-b-c操作手法

　　圖例中所謂的**「標準 a － b － c 操作手法」**，其重要性在於「破勢」的形成，當左側 b 點被突破時，代表盤勢由空方轉為多方。因此左側 b 點一旦被漲破，市場上產生的交易心理，就是**轉勢**的開始；而要進一步辨別**趨勢**的扭轉，左側上漲段 b 點的位置則相對重要。

　　當底部產生時，預期的上漲段 a，我們稱為主力作價階段，市場主力製造出反彈放空的誘因，但因為市場是處於相對悲觀的心態，通常在下跌段左側的 a － b － c 的 b 高點就會被擋下，之後回跌為「誘空段」，而這個誘空段通常伴隨的是交易量萎縮。由於市場處於一個反彈階段，專業投資者不會在此刻進場，只有零星的交易者會買賣，也就是我說的下跌無量。

當指數不破低，反而轉過高進入主升段，再突破上漲段右側 a 點時，就會產生衝擊點，也就是關鍵 K 棒的出現位置。此點的產生將對市場多方造成衝擊，這表示上漲段右側的下跌 b 波結束，專業的交易者會認為，下跌不破低反轉衝高的型態已經產生，開始將空單出清且反轉進入多單，造成這個區域的交易成交加速。而當交易突破上漲段左側 b 的低點時，這已經是最後的**趨勢**確認位置，也是最後空單逃命點。

　　由於大盤的**趨勢**已被扭轉，我們稱此點為「破勢點」，破勢點也就是關鍵 K 棒所在。

高階比較法則的運用

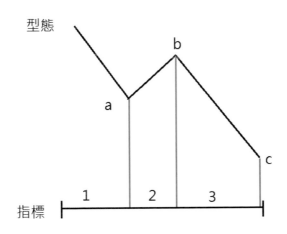

　　如上圖所示，左側的 a－b－c 下跌型態，是確認底部的重要依據，但可用指標或量能來做判定。在用法上，是把 a 與 c 作為比較的確認點。

　　這是一種高級比較法的用法，在於判定是否有背離的現象。

　　一旦背離出現，將顯示右測上漲 a－b－c 波段的威力。其上漲力道將遠比沒背離時左側上漲 a－b－c 波段來得兇猛。如果沒有背離狀態發生，通常代表大盤下跌過低，反彈修正、

拉高再破低的型態。

其 b 波上漲，則是以觀察成交量的變化為主。如圖所示：我們可以很清楚看到如何將上下跌的 a－b－c 分成三個區域，以第一個下跌段跟第二個下跌段比較，當第 3 區域與第 1 區域比較時，如果其指標產生背離，就完成初步的底部訊號。高階的背離，則是以第 3 區域與第 1 區域來比對，觀察其背離型態的大小。

波與波的背離，可用在任何型態的上漲與下跌，高階背離法的運作，需要把一根一根 K 棒拿來做比對，這是身為專業交易者，也是短線當沖者必備的技術。

高階比較法的用法差異

以第 3 區域跟第 1 區域的背離拿來做比對，當然比只看第 1 區域的背離，威力大得多。只看第一區來做背離比較，比較適用於快速交易者；而一般交易、以及使用慢速交易的交易者，可用第 3 區與第 1 區的背離來比較。這種比較法跟波浪級數的比較法相同，都可作為有效且可信賴的技術分析手法。

如以下圖例所示：右測的 a－b－c 上漲波段，是在確認「破勢」的型態，其 a 上漲段，我們通稱為主力作價上漲段，此段

交易者通常是以觀望為主，b 波下跌則以觀察成交量為主，c 波
則是進場交易的時機。

　　但最好跟左側的 a－b－c 波段產生背離來比較，若左側
下跌 a－b－c 波沒有背離產生，通常盤勢會以微小幅修正為主，
但若是背離下跌，其右側 a－b－c 波漲勢，可預期將是比較
強的一波漲勢。

　　但這也需要配合底部反轉型態的破勢，依序順盤勢交易，
而專業投資者可利用右側交易邏輯，拆解上漲段之 a－c 的區
間，觀察量能與指標之間是否有背離關係，作為極短線交易的
進出依據。

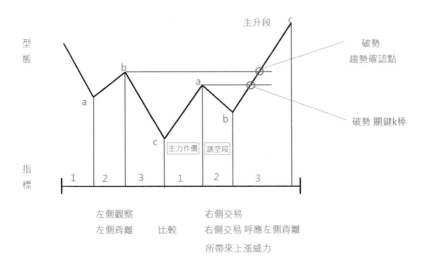

這張圖表是台指 5 分 K 線圖，一般交易者利用三川型態的破勢，就可以輕鬆應對：圖中範例 KD 指標並未產生背離，但量能產生背離，這是雙重確認的一種操作手法。

對專業交易者來說，就要留意上漲 a － b － c 波段中 b 波的誘空段，我們會看到成交量明顯萎縮，這是一種市場徵兆，指數不破低即將反轉升高的訊號。

當突破下跌 a － b － c 波段的 b 點時，破勢確認點出現，代表底部已經出現，而比較值得玩味的，是上漲 a － b － c 波段的 c 點比 a 點成交量還小，雖然沒有 KD 指標背離來輔佐，但為何從事後來看，盤勢還是持續上攻？背離一定要跌嗎？這一點我在後面的討論中會說明。

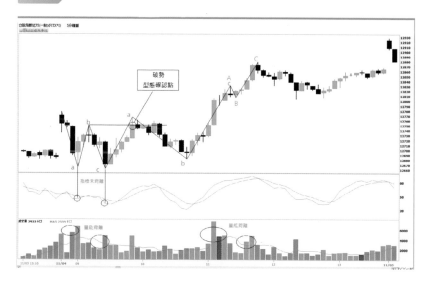

　　這張圖表是台指 5 分 K 線圖，是一張不規則底部三川型態
反轉。

　　我們把底部三川型態的出現，配合破勢確認點，來作為交
易準則即可，但身為專業交易者，應該同步觀察底部有無背離
之態，左側下跌 a － b － c 波段中，KD 指標沒有背離，但量能
有背離，這就是一個可信賴的訊號。與之後的右側上漲 a － b －
c 波段比較，可以發現 c 點的交量明顯大過 a 點，這代表這裡是
主升段，大盤強勢上漲。

　　如果我們再更細微的比較，不難發現右側第二個上漲 A －

B－C波段中，C相較 A，量能明顯萎縮，這也代表漲勢末端必有背離，對於持有多單之人，都須謹慎應對即將到來的回檔或者盤整。

從交易邏輯來分析，指標量能未產生背離前，或者價位未確認前，我們要做的就是「**等待**」，等待一個機會。當指標出現背離時，就是機會出現，要把握每一次的進場時機。

交易就是「等待與機會」，交易者需要學習等待機會，切勿躁進，把握好每一次的進場時節，相信你很快就能成為一個專業交易者。

三山型態與三川型態深入探討

　　總結來看，三山型態與三川型態是頭部與底部型態的總和，同時也是頭部與底部的標準型態。高階交易者對於頭部與底部型態的分析，絕非只用大盤的價位與型態來決定，這樣的交易模式相對風險比較高。

　　正確的頭部與底部分析，我們需要更多指標或量能觀察來作為輔佐，以提高交易勝率，而其中最簡單的方式，也是指標學的最高階運用，就是背離模式。透過指標背離，解析出頭部與底部的機會，搭配型態與價位，如前面圖例所示，就能充分解析出頭部與底部的關係與相對位置，這樣簡潔的交易模式值得我們信任。

　　山川戰法進階的交易模式，是將三山型態與三川型態作細部拆解，成為 a － b － c 的波段型態，交易模式將會以 a － b － c 的波段來做設定，搭配價位與指標的雙重分析，成為進階的交易者。

　　我們要注意的是，頭部的出現，通常出自相對樂觀的市場

心態，人性的貪婪就此出現。因為**頭部行情是由金錢疊堆出來**，一旦出現所謂的頭部型態，之後大盤下跌速度將更加快速，操作上要特別注意此變化。

而底部的出現，通常出自相對悲觀的市場心態，人性的恐懼就此出現。因為**底部行情是由時間堆疊出來**，一旦出現所謂的底部型態，之後大盤上漲速度將會比較緩慢。

價位的變化在頭部型態中，都有明顯的價格跳動擴大，表示成交快速。而在底部型態中，價格的跳動明顯變慢，也就是說成交緩慢，在操作上要特別留意。而大盤的漲破與跌破，都會對交易心態產生衝擊，如同個別交易人的心理變化，是要停損或是加碼？在期貨市場上，所看到價格快速成交的位置，我們稱為衝擊點。而衝擊點的產生就是關鍵 K 棒的確立，可搭配成交量來做分析。

KD 指標用法

指標鈍化，先入為主，淪為待宰

　　所有的指標，不外乎**交叉、背離、共振、鈍化**這四種型態。我認為，其中**背離指標最淺顯易懂且實用度最高**，只要搭配 a－b－c 波段分析抓取頭部或底部的位置，這相較其他理論安全許多。

　　從上面幾個圖例解析中，我們可以清楚看出，頭部與底部的出現，伴隨而來的指標，必須在高檔背離或者量能背離之後，最後才會出現價位的破勢點，這種交易邏輯我稱為雙重確認模式。在一般人的操作上，都認為當出現指標高檔背離時，就可以進場放空，卻不知道指標高檔背離後面所隱藏的鈍化。

　　「鈍化」就是指標高檔背離後所產生的緩步軋空型態，許多交易者在這個部位出現交易虧損。所以雙重確認的交易模式，才是最安全的交易邏輯。

　　對於出現指標高檔背離之後的操作手法，則是當指標出現

高檔背離時，還要用價位來確認，否則容易陷入個人預設立場。一旦有了「先入為主」的交易心態，就會出現「執著」，這對於交易者而言絕對要避免。

正確的市場操作手法，應該要**「保持平常心，不偏多或偏空」**，價位的方向決定你交易的方向。

高檔背離之後的死亡交叉一定會跌嗎？
指標鈍化如何因應？

- 多方趨勢：背離之後產生鈍化，高檔鈍化之後出現緩步軋空的型態。

- 空方趨勢：背離之後產生鈍化，低檔鈍化之後出現緩步殺多的型態。

- 指標背離破解法：**價破＋指標破，型態雙確認。**

鈍化用法在於多方趨勢 K 值站上 80 之後，又跌破 80，這就是鈍化結束的前兆；

或者空方趨勢跌破 20 之後，又站上 20，也是鈍化結束的前兆；但這都需要破勢點來做最後的確認。

　　這張圖表是台指 5 分 K 線圖，我們看到開盤後，指數跳空緩軋空向上，之後橫盤整理。許多交易者都喜歡在高檔時布空單，殊不知高檔背離後面，跟隨的就是緩步殺空型態。從圖例中我們可以發現，上漲 a － b － c 波段的 b，就是是破勢型態的確認點，沒收破這個點之前，一切都是假象。

　　交易者切記不要有先入為主觀念，凡事要眼見為憑。破勢了嗎？趨勢扭轉了嗎？每一場交易都是爾虞我詐，誰能勝出就看誰的耐性夠，不要期待所謂的「空在山頂」、「反手在底」，這些都是神話；神話背後隱藏的殘酷事實，就是損失。

請大家務必記得，交易就是「等待與機會」。

範例六

　　這張圖表是台指 5 分 K 線圖，我們開盤之後一路走跌，完全沒有反彈跡象，指標落入低檔區，做出黃金交叉。一般交易者大多會認為低點到了，該進場買進，殊不知低檔背離背後，隨之而來的就是緩步殺多型態。從圖例中我們可以發現，下跌 A － B － C 段中 C 的破勢型態確認點太高了，這並不是進場交易的時機。

　　俗語說得好，「沒交易，就沒傷害。」前文我一直強調，交易就是等待與機會，比賽誰的耐性夠；尤其在做短線交易時，等待更是一種藝術。

型態與價位的雙重確認

　　從高階元素操作法則來看，**「簡單就是美」**，無論是價位、指標、或量能，我們都要做雙重確認，才能明確的掌握市場訊號。對任何一次交易，不論你是如何啟動其交易模式，千萬不要預設立場，熟習及了解「頭部及底部型態」，就是判定進場時機的最佳技術。

　　因此，如以上圖例所示，指標背離後面隱藏著鈍化，鈍化是指標背離後所產生的緩步軋空或緩步殺多，造成許多交易者在這個部位產生虧損。因此，**雙重確認交易模式，在市場上是最安全的交易邏輯**。

KD波段交易法則

　　KD 指標也可以用在波段操作，我們用 D 值來做判定的基準，其要點及口訣是：「**D 值 50 以上，轉彎向下轉為空方，轉上忽略**」、「**D 值 50 以下轉彎向上轉為多方，轉下忽略**」，而每次 D 值轉折　都是多與空的轉折點。

範例七

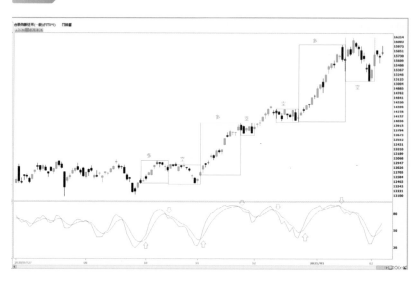

這一張是台指日線圖，我們只運用清楚的 KD 指標，設定值 9，沒有特別參數，只看 D 值轉折，就能創造不錯的績效。當然，若能再搭配一點技術分析或資金配置的技巧會更好。

說穿了，交易的本質，「簡單就是美」，太多的老師做了過度的商業包裝與行銷，反而將技術分析這門學問帶入混沌不明的領域。在我接觸的許多期指交易者中，許多人有很奇怪的概念，認為運用越艱難的技術分析，越能在市場獲利；花最貴的學費，才能學會獲利的技術。

在期指市場上獲利，本來就是一件困難的事，但在本書中，我不會強調什麼艱澀的技術，多年的交易經驗告訴我，只要運用一些簡單的邏輯技巧，就能在期指或股票上賺到錢。

演講時我常對台下觀眾說，這市場有著過多的包裝，讓你們陷入迷惘。明明只是一碗 40 元的陽春麵，只要將滷蛋切成兩半，加兩片海苔，再加幾片叉燒肉，就搖身變為一碗台式豚骨拉麵，然後賣你 140 元。

「包裝重於實質」，已然成為期貨理論市場的亂象。因此，做為一個專業交易者，建議你「停看聽，多思考」，必然能在市場成為贏家。

06 進階交易者
酒田五法的三兵型態

三白兵型態解析

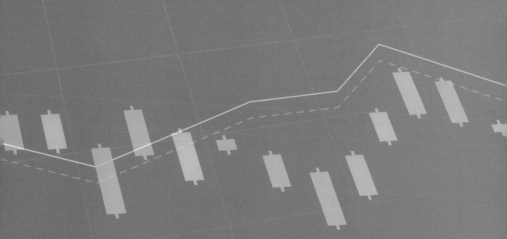

接下來我們進入三白兵型態的解析：

▼ 三白兵型態圖

三 白 兵 型 態

在波浪理論中，Ｋ線三白兵型態的出現，大多在主升段，或者在反彈 a － b － c 波段的 c 波主升段中，而主升段之後還會有一個末升段，這也意味著着行情高、還會更高。交易策略上，則要調整為以多方市場為主，而非等待逢高佈空。

這個型態，就像我們在市場常聽到的：「連漲三天，散戶不請自來。」操作上就是以多方為主，因為高點之後還有更高，正確判定這樣的局勢，就是贏家與輸家之間的差距。

贏家之所以會常勝，在於洞燭先機，看清大盤整體趨勢變

化後，適時調整策略，並且敢於追價。因三白兵型態出現，之後必有高點，三白兵型態就是典型的追高型態。

　　反觀輸家心態，他們總是逢高佈空，殊不知這是逆勢操作，雖然可能賺到一點蠅頭小利，卻錯失了另一大段行情。我特別提醒讀者們，要成為贏家，心態上要做調整。

標準三白兵型態的定義

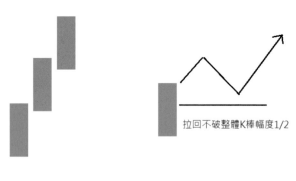

拉回不破整體K棒幅度1/2

三白兵型態　　　　　　三白兵型態標準定義

　　如以上圖例所示：由於三白兵是高盤感的交易模式，因此在這個型態的定義上，必然比較嚴格。從圖表來看，三白兵的標準定義，是以第一根長紅 K 棒為基準，之後的每一根 K 棒，都要過高、且拉回幅度不得觸擊整體 K 棒幅度的 1/2，還需要連續出現三根這樣的 K 棒，才能完全確認三白兵型態形成。一旦出現不合格的 K 棒，就需重新計數。

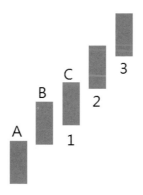

　如以上圖例，A－B－C 有可能成為三白兵型態，但 C 這根 K 棒的低點，已經觸及 B 這根 K 棒的 1/2 幅度，所以不算是三白兵型態，必須重新計數。之後出現的的 1－2－3 這三根 K 棒，才是標準的三白兵型態。在位置的確認上，請大家務必嚴謹。

變形三白兵型態的定義

變形三白兵型態

如以上圖例所示，凡事都有例外，但例外要有規範，這是我多年實戰下來的經驗。變形三白兵是主力操作下的產物，第一根 K 棒，必須留下長上影線，且必須嚴謹的跟第二根比對，就是一開始跳空漲過第一根 K 棒的高點，第二根 K 棒不得觸及第一根整體 K 棒幅度的 1/2，第三根 K 棒不能拉回到第二根整體 K 棒幅度的 1/2，這樣才能定義為「變形三白兵型態」。

就市場心理學而言，第一根 K 棒出現的當下應該是長紅，但主力不想讓散戶發現，於是最後收盤時，讓 K 棒留下長下影線，導致散戶尾盤賣壓湧現，甚至認為走勢會破低而轉為空方。

但隔天直接一口氣跳空拉過昨日高點，造成市場大反轉，而且大盤看回不回、一直漲。這種漲勢會比標準三白兵型態更為兇猛，原因在於第一根 K 棒留下長上影線。這都是因為市場主力要清洗散戶籌碼，籌碼乾淨了，才好作價。

這張圖表是 2018 年 5 月 4 日大盤日線圖，是標準的變形三白兵型態，當第一根 K 棒留下一根長上影線，隔日第二根 K 棒，我們可以看到直接跳空拉高，過昨日開盤高點，之後漲勢持續，指數不回。

之後的大盤走勢更是兇猛．要能看出這點，是一種高度敏感度的訓練，也是我在本書中一直強調的「**要有盤感**」。一個專業的交易者，在看到第二根 K 棒開盤跳空，拉過第一根 K 棒高點，而且第一根 K 棒留下了長上影線，就應該知道後面的走勢看漲，在買賣策略上應有所調整．因為你不是一般的業餘散戶。

範例二

這張圖表是 2014 年 10 月 27 日到 10 月 29 日的大盤日線圖，它是變形三白兵型態嗎？相信會引發許多技術分析者的論戰。但不管論戰的結果是如何，口頭贏了又如何？面子贏了又如何？你的技術能力有更進一步嗎？

　　如果不能讓你的帳戶金額增加，任何口水戰都是無用的。這一圖例，就是要讀者們看清楚第一根 K 棒與第二根 K 棒的結構，當你們了解這個結構背後所隱含的市場心態，才能重新評估這兩根 K 棒在交易心理學上的意義。這個重要性將遠大於如何去解析三白兵型態，因為它才是真正成為專業交易者的關鍵。

專業交易者的策略

在波浪理論的主升段延伸波的定義中,這個波段的特性就是**「向上跳空、長紅、帶量」**,我們將三白兵型態與波浪理論結合,三白兵型態就有這樣的特性。

因此在交易邏輯上,我們可以將三白兵型態視為波浪理論的主升段。當這型態出現時,型態末端都有一個末升段,也就是說行情會再創高。因此利用這個特性,當三白兵型態出現,我們可以預期盤勢後面還有高點,策略是在指數拉回找到買點,做為交易的思考邏輯,這也是我所說的盤感之一。

為什麼有些交易者他們能洞燭先機,看出後勢有其高點所在?其實方法不難,像是三白兵型態的判定,就是簡易又值得信賴的方法。

範例三

　　這張圖表是一張台指 5 分 K 線圖，圖例中，上升 a 段為三白兵型態，當專業交易者看到這個型態，會先看成交有無出貨量，在指數拉回時找買點，是最佳的交易策略。三白兵型態搭配量能，在市場上是一種簡易又值得信賴的交易型態判定。

　　之後我們在 b 點發現母子型態，且成交量萎縮，這時，大盤突破母子型態高點時，就是買點，可進場買進。而觀察 c 點的成交量就能斷定，一定會比 a 段漲幅更大，這就是專業交易者才能看到的市場變化。

　　專業交易者看到三白兵型態的出現，並不代表馬上要進場，因為市場剛處於加溫狀態，這時要等待機會，看到買點，這是一種高敏感度的盤感訓練。

進階交易者—酒田五法的三兵型態　chapter 6　153

三黑兵型態解析

▼ 三黑兵型態圖解

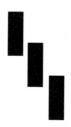

三 黑 兵 型 態

　　依波浪理論而言，K 線三黑兵型態的出現，大多都在主跌段或者回檔 a － b － c 波段中的 c 波主跌段之中，而主跌段之後還有一個末跌段，這也意味行情低後還有更低。在交易策略及操作上要調整為以空方為主，而非等待逢低做多，因為行情走勢是低還有更低，只要三黑兵型態出現，其後必有低點。

　　三黑兵型態是典型殺低型態，一般市場輸家的心態，總是希望逢低布局多單，或許會賺到一些蠅頭小利，但其實是誤判局勢，不但錯失行情，還可能被套牢。要成為市場贏家，請大家在交易心態上要做正確的調整。

標準三黑兵型態的定義

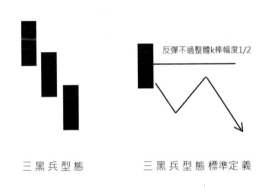

三 黑 兵 型 態　　　　　三 黑 兵 型 態 標 準 定 義

　　如以上圖例所示，由於三黑兵型態是高盤感的交易模式，因此要做嚴謹的定義。從圖表來看，標準定義是以第一根長黑 K 棒的出現時為基準，之後每一根 K 棒都要過低且幅度不得觸擊整體 K 棒幅度的 1/2，需要連續出現三根這樣的 K 棒，才能完全定義。一旦出現不合格的 k 棒，就必須重新計數。

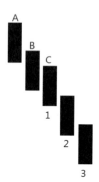

　　如以上圖例，A－B－C有可能成為三黑兵型態，但C這一根K棒高點有觸及B這根K棒的1/2幅度，所以三黑兵型態並不成立，必須重新計數。之後的1－2－3這三根K棒，才是標準的三黑兵型態，請讀者們務必嚴謹的確認位置。

變形三黑兵型態的定義

變形三黑兵型態

如以上圖例所示，如同變形三白兵型態，變形三黑兵也是主力操作下的產物。第一根 K 棒，必須留下長下影線，且第二根 K 棒必須一開始跳空跌破過第一根 K 棒低點，且之後不得觸及第一根整體 K 棒幅度的 1/2，而第三根 K 棒不能拉回第二根整體 K 棒幅度的 1/2，這樣才能定義是變形三黑兵型態。

就市場心理學而言，第一根 K 棒出現的當下應該是長黑，但主力不想讓散戶發現，於是最後收盤時讓 K 棒留下長上影線，導致尾盤散戶買盤湧現，甚至認為會出現底部，進而轉為多方市場。但隔天直接一口氣跳空跌破昨日最低點，造成市場大反

轉，而且大盤呈現奔跌走勢。這一種跌勢比起標準三黑兵型態更加兇猛，原因在於第一根 K 棒留下了長下影線，這是市場主力要清洗散戶籌碼的訊號，以方便做價。

範例四

　　這張圖表是 2018 年 2 月 2 日大盤日線圖，是標準的變形三黑兵型態，第一根 k 棒留下一根長長的下影線，隔日跳空跌破昨日最低點，造成市場大驚，恐慌性賣盤湧現．之後第二根 K 棒又出現長下影線，隔日再度跳空跌破第二根 K 棒的最低點，直接收一根長黑 K 棒。

　　從市場心理學來看，一般交易者都喜歡在第一根 K 棒出現

長下影線時，進場買進，但隔日指數跳空跌破前日最低點，之後又收一根長下影線的K棒，許多交易者不得不認賠出場。此時結合第一根K棒與第二根K棒的市場心態來分析，市場仍處於不穩定狀態，不應該輕易進場做多，理由在於這是變形三黑兵型態的第二根黑K棒，之後還會再大跌，這就是變形三黑兵型態的潛藏祕密。

範例五

　　這張圖表2017年8月8日的大盤日線圖，是標準的變形三黑兵型態，第一根K棒留下了長下影線，第二根K棒開盤時直接跳空跌破第一根K棒低點，且未觸及第一根整體K棒的一半幅度。

看到這裡，如果你身為專業交易者，會做出何種判斷呢？標準三黑兵型態與變形三黑兵型態的差異性在哪？取其型，觀其勢，便可明白之間的差異性。

專業交易者的策略

　　我們將三黑兵型態與波浪理論結合，在波浪理論的主跌段延伸波的定義中，此波段的特性就是**「向下跳空、長黑、帶量」**，若將三黑兵型態與波浪理論結合，三黑兵型態就有這樣的特性。

　　因此在交易邏輯上，我們可以將三黑兵型態視為波浪理論的主跌段。當波浪理論的主跌段出現時，其型態必有末跌段，也就是說，後面行情都會再破低。

　　因此，我們可伴隨三黑兵型態的出現，預期盤勢後面還有低點，這時操作的盤感，就是要看到空點等待反盤的機會。三黑兵型態，就是一種簡易又值得信賴的分析依據。

　　這張圖表是台指 5 分 K 線圖，我們利用三黑兵型態結合成交量來看大盤趨勢，在圖例 A 中，是一個標準的三黑兵型態，成交量放大，預估指數反彈後將再次破低，事後也確認其破低，這印證了三黑兵型態出現之後必定破低的特性。

　　在圖例 B 中，我們看到這也是一組三黑兵型態，觀察其成交量，比隔壁圖例 A 的反彈明顯放大，也就是說下跌有量，預估還會走低。

　　圖例 C 也是一組三黑兵型態，比圖例 A 有更低點出現，同時也比圖例 B 的低點還低，但看到成交量遠比圖例 B 來得大，

三黑兵型態與成交量結合的特性，驗證了波浪理論中主跌段後必有末跌段的論點。

　　圖例 D 比圖例 C 的低點更低，但圖例 D 並沒有呈現三黑兵型態，大盤跌勢就此停住。

本章總結

　　三兵型態，是利用波浪原理，解析出大盤後勢即將走高或破低的特性，對於實務交易的操作上，有助於我們做盤勢多空的確認。看市場整體趨勢對於市場操作有絕對的助益，同時也是訓練敏感度的一種看盤方式。

　　三兵型態，並不能幫我們預測出後續市場的行情會有多大，但肯定的是，它的的特性能告訴我們，大盤未來必定出現創高或破低，藉由這個思考邏輯，讓交易順應市場大勢而為，對我們在交易上絕對有所助益。

　　由本章節所提出的例子來看，三兵型態都需要量能來做比對及定義，才能將精準度拉高。對於初階的交易者而言，建議以先看型態為主，進階融入量能來做比較分析。對高階交易者，則可加上波浪級數來做操作區隔，才能將三兵型態創高破低的特性發揮到極致。當然，這需要時間以及經驗來累積。

就期貨操作而言，型態的強與弱，完全由市場的「氣勢」控制，對於氣勢的變化，則可由跳空型態來決斷。透過市場的心理學，能更洞悉市場心態，強化型態威力，作為多空決策的依據之一，這也是盤感訓練的一種。

我們最後做個總結：發現三兵型態的出現，是一種高敏感度的交易訓練，其型態除了幫助我們預測市場走向外，也間接告訴我們，後面走勢恐將再創高或者破低。專業交易者若能洞燭市場先機，順應盤勢交易，將會大步提升交易獲利率。此種交易敏感度，需要多加模擬、訓練，才能得心應手。

07 進階交易者
酒田五法三法型態精要
三法型態之上升三法

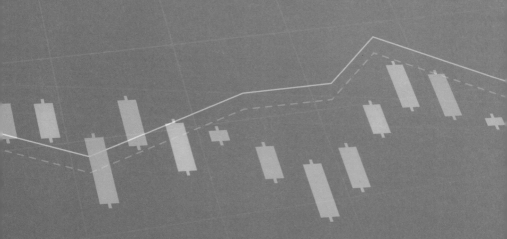

上升三法型態解析

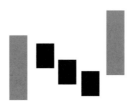

上升三法型態

　　如上圖，上升三法型態是連續型態的代表，以市場心理學來看，代表盤勢向上攻擊後修正，過熱的動能冷卻，轉為停頓、再攻擊的狀態，之後循著原來上漲趨勢前進。

　　操作的實務做法，就是等待盤整後的突破，在整個期指交易模式中，盤整的突破點是最難被發覺的，總是事後看盤研究才會發現。然而我在第二章介紹的母子型態，就是解開盤整的關鍵，請大家記得，只要出現母子型態，就是盤整的徵兆。

變形上升三法型態解析

　　凡事都有例外，這是我多年期貨實戰的經驗，標準上升三法之外，一樣有變形上升三法，其定義規範如同第二章我們所討論的變形母子一樣，第二根或者第三根 K 棒，只要在包含第一根 K 棒實體內即可，其 K 棒的高低點不計，只要第三根 K 棒確認，就是變形的上升三法。如以下圖例所示：

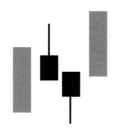

變形上升三法型態

這裡我要做個補充：除了母子型態之外，所有型態都需要以三根 K 棒來定位其模式。這就是酒田五法的精要「三根定其型」

更進階的來看，就是把上升三法的型態再細分，就能發現這其實是上漲 a － b － c 的波段組合。藉由串聯 a － b － c 波段的攻擊模式，我們可以將上升三法定位成「向上攻擊走勢總型態」。如以下圖例所示：

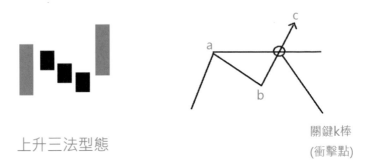

上升三法型態

關鍵k棒
(衝擊點)

專業交易者策略

　　上升三法的型態，與上漲 a － b － c 波段的型態是一樣的。如上圖所示，對於一般交易者而言，他們在意的是盤整後的突破，也就是 c 波的突破點，我們稱之為關鍵 K 棒。而專業交易者在意的是前兩根 K 棒的型態產生．就是我們一直強調的母子型態。

　　專業的交易者對於盤勢變化，要有相當的敏感度，而上升三法代表的是**盤整型態與突破型態**的結合，就是攻擊連續型態的完成。我們可分成三個方向來看：

　　1. 盤整型態：上升三法型態的出現，代表市場處於一個休息狀態。我們都知道，期貨市場不可能有一波漲到底的走勢；就市場心理學而言，上升三法型態的出現，為來不及上車的散戶提供了一個進場機會。

　　我們在第二章中有提到母子型態是初始型態之母，大家不妨將上升三法型態細分拆解，不難發現前兩根 K 棒就是母子型態；而母子型態代表的就是是盤整型態的開始。

　　當母子型態出現時，專業交易者會等待機會，而突破母子

高點，就是盤整的完成點。大家如果能把上升三法的原理，轉看成向上 a － b － c 攻擊模組，會更容易上手。

2. **突破型態**：上升三法就是由上漲 a － b － c 型態所串起的向上攻擊模組，也就是說買進點的確認，當產生關鍵 K 棒，走勢突破母子型態高點，就是買進點位置。

3. **連續型態**：就是將走勢轉換成：攻擊－停頓－再攻擊，一氣呵成，做為進場依據。

向上箱型法

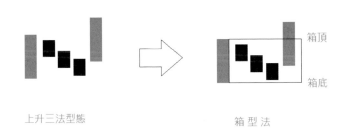

上升三法型態　　　　　　　　　箱 型 法

　　上升三法型態對專業交易者而言，不需要拘泥於以上圖例中的固定型態，要轉化做高階的應用，也就是箱型法，如果使用比較專業的術語，我們會說：橫盤整理、突破、表態。

　　箱型法在技術分析中常被廣泛運用，但真正會精通使用的人不多。最大的問題在於使用的位置上，本書中所講述的箱型法，都是套入在上漲 a－b－c 型態中的 b 點位置，也就是指數的前低位置點。

　　箱型法的用法相對簡單，就是在橫向盤整區間，停止進場動作。**等待突破箱頂做多，等待跌破箱底做空。**

箱型法應用

我們以兩個範例來說明。

這是台指 5 分 K 線的走勢圖,圖形中總共有 5 組上漲 a－b－c 型態,串起所有的向上攻擊模組。在圖例中,每一組上漲 a－b－c 型態,b 點都未被跌破。

我們在第三章有提到,多方趨勢的反轉,都在於前低位置,而前低位置就是 b 點位置。我們從圖中可以發現,每個 b 點出現,都代表著走勢上揚。

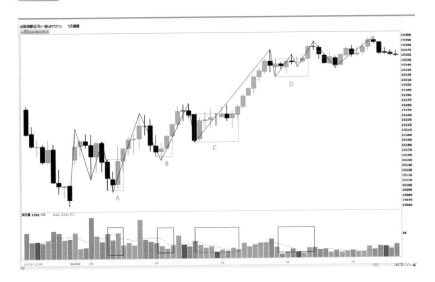

　　這一張圖表承接前一張圖表，我們的眼光放在圖中上漲 a－b－c 型態中 b 點的位置。由於上漲 a－b－c 組成的模組，b 點都未被跌破，套入上升三法型態，我們來看上升三法的精要，也就是發現轉折位置的突破型態。

　　我們將圖形區分為 A－B－C－D 四個區域：

● 圖例A區：這是一組變形母子型態轉成變形上升三法，橫盤突

破，破母子型態高點，走勢完成轉折，進而向上。

- 圖例 B 區：這也是一組變形母子型態轉成變形上升三法，橫盤突破，破母子型態高點，走勢完成轉折，進而向上。

- 圖例 C 區：這是先從母子型態轉成變形母子型態，之後才轉變成上升三法。

- 圖例 D 區：這也是母子型態轉成變形母子型態，之後轉變成上升三法。

　　我們可以發現，這個範例中的 A － B － C 區段都有行情，原因在於有成交量支撐。尤其是 C，這個區段的盤整時間最久。以市場心理學而言，盤整橫盤期間時間越長，後續行情就越大。由於期貨市場是「對做市場」，一旦多空方向明確，對做的一方認賠出場，就會在市場掀起一番波瀾。

　　而 D 區段中，因為成交量萎縮，整體行情也萎縮，所以當成交量下降到不行的時候，就是該離場時。

關鍵 K 棒

　　早年有位市場前輩說過一段話：「指標都是已經落後的交易訊號，K 棒才是最初始的交易訊號。」當時的我並不能明白其中道理。幾年後我終於了解，確實 K 棒才是最初期、最快速出現的交易訊號，一根 K 棒能發現買賣點，為何要指標來確認呢？而那根 K 棒就是「關鍵 K 棒」。

　　在整體交易期間，並不是每一根 K 棒都有其意義，就 K 線型態而言，大都在等待關鍵位置被突破，而後再進場交易，而突破的衝擊點就是關鍵 K 棒所在。關鍵 K 棒的出現，就市場心理學而言，這一根 K 棒伴會隨成交量放大，是市場關注的焦點。

　　市面上技術分析理論眾多，有「指標關鍵 K 棒」、「型態關鍵 K 棒」、「均線關鍵 K 棒」等等，但大家看到的支撐壓力點都有所不同，但唯一共通處就是成交量。當關鍵點被突破時，伴隨而來的一定是成交量，如果你們使用所學的技術分析，發現了關鍵 K 棒，但沒有伴隨成交量的表態時，就該檢視一下自己的技術分析是否有誤，因為成交量才是一切成敗的關鍵。我們在本書提到的關鍵 K 棒，則是型態關鍵 K 棒。

上升三法轉為a─b─c法則的進階解析

上升三法 a ─ b ─ c 型態交易解析

　　從三山型態、三川型態、以及上升三法型態中，我們了解到簡易上漲 a ─ b ─ c 型態交易法則。如以下圖例所示，在上漲 a ─ b ─ c 型態中，當 c 站上 a 的高點時，所產生的衝擊點，我們稱之為關鍵 K 棒。而其上漲產生的區間，我們稱之為「上漲空間規劃與距離」，但其上漲力道所產生的空間，並不能預測。

　　在高階的期貨操作手法中，就是「無為而為之，不預設立場」，我有個口訣提供大家參考，**上漲波不見吞噬黑 K 不減碼，不見破勢不反手**。這會幫大家讓交易更簡單。

關鍵 K 棒的產生以及應用

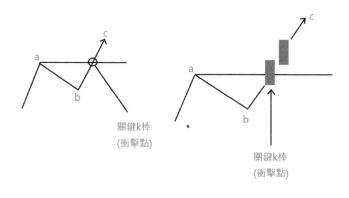

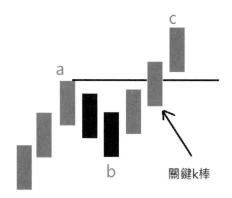

關鍵k棒

　　如以上圖例所示，這一種上漲 a － b － c 型態的關鍵 K 棒，就是型態的關鍵 K 棒，也是本書所指出的、進場買賣的關鍵點。

　　當走勢突破 a，在市場上產生衝擊點時，出現那根突破 K

棒，就是關鍵 K 棒。一般交易者在意的是「價格的突破」，而專業交易者在意的是「成交量的變化」。就市場心理學而言，當突破市場關注的位置時，市場多空就此分出勝負，多方必須表態。

除了價格的波動外，成交量也必須反映在成交量上，這一根 K 棒的低點位置，不能再被跌破，否則多空會瞬間逆轉。因為有成交量支撐時，這一根 K 棒代表多方有輸不得壓力，所以我們才稱這一根為關鍵 K 棒。

上漲波關鍵 K 棒的級數大小之分

就簡單上漲 a－b－c 形態的攻擊模式來看，上漲 a－b－c 突破所產生的 K 棒，稱之為關鍵 K 棒，其作用在於預測上漲行進 d 的趨勢，也就是上漲波的行進規畫。

基礎的規畫，通常在初期是用於底部區，但進階用法則需分析走勢行進間的各種型態，並非只靠單一「勢」的破壞，而是找出每一個趨勢間的進場買點。因為級數不同，漲幅也有所不同，大級數對應的漲幅相對大，小級數對應漲幅相對較小。這如同波浪理論中，大浪對上小浪，漲幅當然會有所差異。這需要用量能來比對。因為級數不同，產生的漲幅也有所不同，這點需特別注意。

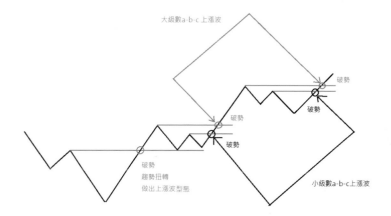

大級數a-b-c上漲波

破勢

破勢

破勢

破勢

破勢
趨勢扭轉
做出上漲波型態

小級數a-b-c上漲波

　　以上圖例的意義，在於確認級數的大小區別，如同波浪理論中所說，「浪中有浪」。當然我們不需要去細數每一個小波段，而是希望進階交易者明白：自己操作時的波段級數大小為何？以確認交易時的漲幅強度，當然這也需多加練習才做得到。

　　就上漲趨勢而言，破勢最初源自於「道氏理論」，前高被突破產生了趨勢破壞，進而就產生了上漲波規畫。突破點出現的趨勢轉換，我們稱之為**關鍵 K 棒扭轉**，扭轉之後大盤行進趨勢就會改變。之後則會因為級數大小，操作上也要有所改變。這個部分也在波浪理論的範圍中。

　　當道氏理論與波浪理論的組合確立，可以確認趨勢的「勢」，趨勢轉換之前都要特別了解關鍵 K 棒之間的關係為何？是否已達到進場交易操作的標準。以下我們用圖例來說明：

1. 大趨勢規畫圖表

　　從以上圖表中，我們可以很清楚劃分出 3 個 A － B － C 區域，從這三個區域中，可以發現這就是大級數的上漲 A － B － C 型態：

● A 區：指數破前高，破勢型態確認，而產生大級數 A － B － C 上漲波規畫。

● B 區：就是大級數上漲 A － B － C 波段中的 B 波，規劃下跌回檔到 B 前低位置。

● C 區：突破大級數高點 A，做大級數上漲 A － B － C 波規畫，確認 C 波規畫點位置。

2. a－b－c 操作法則

如以上圖表所示：

- **關鍵 K 棒 1**：破勢，標準母子型態轉成上升三法型態，出現小趨勢向上 a － b － c 法則，這屬於逆趨勢，指數尚未收上前高點。

- **關鍵 K 棒 2**：破勢，趨勢上未突破前高，屬於空方趨勢，故大盤向原趨勢前進。

- **關鍵 K 棒 3**：破勢，出現小趨勢向上 a － b － c 法則，底部有

一個變形母子型態轉成上升三法型態，橫盤突破，這屬於逆趨勢，尚未收上前高點。

- **關鍵 K 棒 4**：破勢，出現中級數向上 a － b － c 法則，屬於逆趨勢，尚未收上前高點。

- **關鍵 K 棒 5**：破勢，產生上漲規劃型態確認點，出現大級數上漲 A － B － C 波型態，在底部有一個變形母子型態，為突破前高做準備，趨勢反轉，由空轉為多方。

- **關鍵 K 棒 6**：破勢回檔，有大級數 B 波，屬於逆趨勢，出現小趨勢下跌 a － c － c 法則。

- **關鍵 K 棒 7**：破勢，確認大級數 B 波結束點，小趨勢 a － b － c 向上。

- **關鍵 K 棒 8**：破勢，小趨勢 a － b － c 向上，底部有變形母子型態，預備突破　第二前高點，完成大級數上漲 A － B － C 法則。

- **關鍵 K 棒 9**：破勢，突破第二前高點，完成上漲大級數 A － B － C 法則。

從以上圖例來看，關鍵 K 棒 5 與關鍵 K 棒 9，是屬於大級數比較及應用，其餘都是小級數的用法。比較值得探討的是，當走勢突破之前，如果底部出現一個一個上升三法中的橫盤突破（變形母子型態或者標準母子型態），其威力比較強。

　　以上圖表分析的意義，在於確認其波段級數的大小，如同波浪理論中「浪中有浪」的觀點，我們不需要去斤斤計較幾個波段出現，而是要明白操作當時的波段級數大小為何？以確認交易時的漲幅強度。當然，這還需要大家多加練習。

a－b－c上漲波空間規畫
與距離

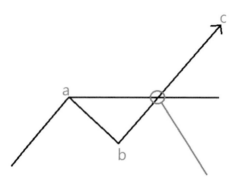

突破a點產生 空間規畫 與 距離

　　如以上圖例所示，當走勢突破 a 點時，就產生了上漲波空間規畫與距離，也就是我所說的上漲波 a－b－c 型態攻擊模組。這種模組可分成兩種操作手法，**第一是空間規畫，第二是預測距離。**

● 空間規畫

　　這是順勢交易的一種做法，當 b 點出現，盤勢處於修正‧

當修正完畢，c 點突破 a 點的時候，出現關鍵 K 棒，並且確認趨勢，此時便完成一組上漲波 a － b － c 向上攻擊模組，趨勢就很明朗。這時候專業交易者將規畫出上漲的模組，並且利用關鍵 K 棒作為進場依據以及趨勢確認點，如以下圖例所示：

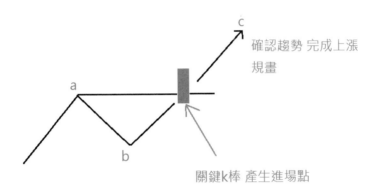

確認趨勢 完成上漲規畫

關鍵k棒 產生進場點

● 空間距離

　　如以下圖例所示，空間規畫與空間距離，都源自於波浪理論技術，我個人認為，這不是一個有效預測漲幅的技術分析方法。這理論並非錯誤，而是無法明確的確認其漲幅。許多人都喜歡用這種方式來預測漲幅大小，我也常常試問過喜歡用這種方式的技術分析同好，「你能確定其漲幅是 1 倍幅還是 2 倍幅嗎？」他們的答案都是沒有辦法。

我很好奇，既然無法確認漲幅，那為何還要用這個方式呢？說穿了，大家都喜歡當預言家，去預測未來的高低點出現。但就專業交易者而言，與其去預測漲幅會有幾倍，不如在上漲過程中，順勢突破而作出正確的交易策略。遇到所謂破壞黑 K 棒出現，立刻停利離場，或者破勢停利，會比較實際。

　　由以上我們所討論的文章中，我們將操作轉化為實際交易心法，我稱之為「**順勢交易心法**」：**上漲走勢不預設立場，不見中黑不減碼，不見破勢不停利。**

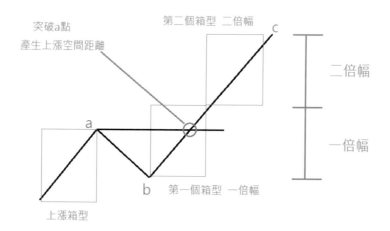

突破a點
產生上漲空間距離

第二個箱型　二倍幅

c

二倍幅

一倍幅

a

b　第一個箱型　一倍幅

上漲箱型

　　這是一張台指 5 分鐘 K 線圖，我們先從 b 點位置看起，可以清楚看到變形母子與上升三法的橫盤突破，也就是箱型法的產生，以此作為買進點。之後走勢突破 a 點，產生上漲規畫與空間距離，以此作為順勢交易的模組。

　　當關鍵 K 棒產生破勢型態的確認點，這就要作為最後進場的買進點。而 c 的漲幅，在事後來看只有 92 點，與 a 點漲幅 122 點比較，並無法有效預測未來。作為短線交易者，該做的是活在當下，與其使用空間距離來操作，不如使用比較實際的順勢交易心法，**不預設立場，不見中黑不減碼，不見破勢不停利。**

從上述例子來看，我們從任何角度都無法估計未來漲幅，又何必庸人自擾。太過於執著漲幅大小，對於交易者本身反而是一種負擔，一切簡單為上，轉換使用順勢交易心法，會更為實際。

● 空間距離破解法

「無法有效判定空間距離」，相信這個結論會讓不少讀者失望，於是我在這裡提供一個可以破解空間距離的方法。當然它不是非常完美，最大的缺陷在於「必須在大盤行情走到快七成之後，才能做出斷定。

算法是：使用 MACD 指標設定值：12，26，9，利用比較法，把上漲 a 波的最大柱狀體與 c 波最大柱狀體，作上漲漲幅比較，便可精算出漲跌幅。

範例六

從以上圖例來說明：

a 點漲幅為 122 點

b 低點為 16212

a 波柱狀體最高為 44.5

c 波柱狀體最高為 30.7

利用比較法，我們用 a 波與 c 波作為比較：

a 點漲幅 122 點，柱狀體 44.5

c 點漲幅 X 點，柱狀體 30.7

公式：44.5 * X = 122 * 30.7，因此得出 X = 84，也就是說 c 波上漲距離會落在 84 點左右。所以 c 波漲幅超過 84 點都算是超漲，於是我們可以將 84 點作為獲利了結點。這是一項落後指標，目的在於預測未來的大概漲幅，也可以提前做下一步操作規畫。

三法型態的下降三法

下降三法型態解析

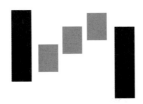

下降三法型態

　　見以上圖解，如同上升三法型態，下降三法也是連續型態的代表，以市場心理學來看，代表盤勢向下攻擊後修正，過熱的動能冷卻，轉為停頓、再攻擊的狀態，之後循著原來下跌趨勢前進。

　　操作的實務做法，就是等待盤整後的突破，在整個期指交易模式中，盤整的突破點是最難被發覺的，總是事後看盤研究才會發現。如同我一直強調，**只要出現母子型態，就是盤整的徵兆。**

變形下降三法型態

　　凡事都有例外，這是我多年期貨實戰的經驗，標準下降三法之外，一樣有變形下降三法，其定義規範如同第二章我們所討論的變形母子一樣，第二根或者第三根 K 棒，只要在包含第一根 K 棒實體內即可，其 K 棒的高低點不計，只要第三根 K 棒確認，就是變形的下降三法，如以下圖例所示：

變形下降三法型態

　　這裡我要做個補充：**除了母子型態之外，所有型態都需要以三根 K 棒來定位其模式。這就是酒田五法的精要「三根定其型」。**

更進階的來看，就是把下降三法的型態再細分，就能發現
這其實就是下跌 a－b－c 的波段組合。藉由串聯 a－b－c 波
段的攻擊模式，我們可以將下降三法定位成「向下攻擊走勢總
型態」。如以下圖例所示：

下降三法型態

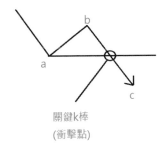

關鍵k棒
(衝擊點)

專業交易者策略

下降三法的型態，與下跌 a — b — c 波段的型態是一樣的。如上圖所示，對於一般交易者而言，他們在意的是盤整後的突破，也就是 c 波的突破點，我們稱之為關鍵 K 棒。而專業交易者在意的是前兩根 K 棒的型態產生，就是我們一直強調的母子型態。

專業的交易者對於盤勢變化，要有相當的敏感度，而下降三法代表的是**盤整型態與突破型態的結合**，就是攻擊連續型態的完成。我們可分成三個方向來看：

1. **盤整型態**：下降三法型態的出現，代表市場處於一個休息狀態，我們都知道，期貨市場，不可能有一波跌到底的走勢，就市場心理學而言，下降三法型態的出現，為來不及上車的散戶提供了一個進場機會。

我們在第二章中有提到母子型態是初始型態之母，大家不妨將下降三法型態細分拆解，不難發現前兩根 K 棒就是母子型態；而母子型態代表的就是是盤整型態的開始。

當母子型態出現時，專業交易者會等待機會，而突破母子

低點，就是盤整的完成點，大家如果能把下降三法的原理，轉看成向下 a － b － c 攻擊模組，會更容易上手。

2. **突破型態**：下降三法就是由下跌 a － b － c 型態所串起的向下攻擊模組，也就是説賣出點的確認，當產生關鍵 K 棒，走勢突破母子型態低點，就是賣出點位置。

3. **連續型態**：就是將走勢轉換成：攻擊－停頓－再攻擊，一氣呵成，做為進場依據。

向下箱型法

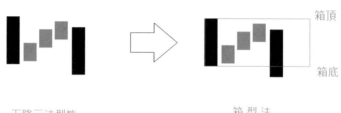

下降三法型態　　　　　　　　　箱 型 法

　　下降三法型態對專業交易者而言，不需要拘泥於以上圖例中的固定型態，要轉化做高階的應用，也就是箱型法。如果使用比較專業的術語，我們會說：橫盤整理、突破、表態。

　　箱型法在技術分析中常被廣泛運用，但真正精通使用的人不多。最大的問題在於使用的位置上，本書中所講述的箱型法，都是套入在下跌 a － b － c 型態中的 b 點位置，也就是指數的前高位置點。

　　箱型法的用法相對簡單，就是在橫向盤整區間，停止進場動作。**等待突破箱頂做多，等待跌破箱底做空。**

● 箱型法應用

我們以兩個範例來說明。

範例七

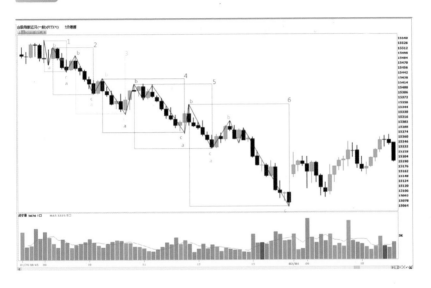

這是台指5分K線圖的走勢圖，圖形中總共有6組下跌a－b－c型態，串起所有的向下攻擊模組，在圖例中，每一組下跌a－b－c型態，b點都未被站上。

我們在第三章有提到，空方趨勢的反轉，都在於前高位置，而前高位置就是b點位置，這代表走勢向下。

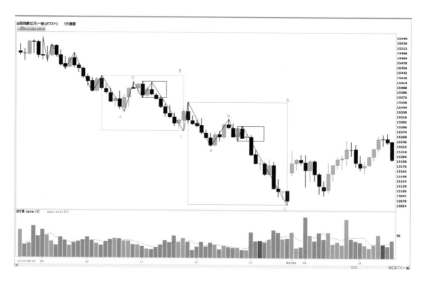

　　這一張圖表承接上一張圖表,總共6組下跌 a－b－c 型態。
我們關注的是下跌 a－b－c 型態中 b 點的位置,出現下降三
法型態的只有第四組跟第六組,兩組有標準型態可供確認。

　　由於下跌 a－b－c 所組成的模組,b 點的前高位置都未被
收上,套入下降三法型態後我們來看下降三法的精要,也就是
發現轉折位置的突破型態。

● **圖例第四組:**這是一組標準母子型態轉成變形下降三法,橫盤
　　突破,破母子型態低點,走勢轉折向下。

● **圖例第六組**：這也是一組標準母子型態轉成變形下降三法，橫盤突破，破母子型態低點，走勢轉折向下。

從這範例中我們看出一個問題點，就是 b 點轉折若無出現下降三法型態或者箱型法，則操作上可選擇放棄，我第五章中有提到**「等待與機會」**。在走勢上，有些時候並不是我們應該進場交易的時機，原因是市場尚未出現多與空的轉折，因此呈現多空不明的狀況。

如圖例中第 1 － 2 － 3 － 5 組，他們的 b 點沒有做出任何型態就反轉直下，這時我們可以斷定，就是大盤走勢將持續下滑，因為前高一直沒被突破，這時候我們在操作上就是等待機會。

下降三法轉為 a － b － c 法則的進階解析

下降三法 a － b － c 型態進階解析

從三山型態、三川型態、以及下降三法型態之中，我們了解到簡易下跌 a － b － c 型態交易法則。如以下圖例所示，在下跌 a － b － c 型態中，當 c 跌破 a 的高點時，所產生的衝擊點，我們稱之為關鍵 K 棒。而其下跌產生的區間，我們稱之為「下跌空間規畫與距離」，但其下跌力道所產生的空間並不能預測。

如同我們在下降三法中所提到，這時候的操作策略就是「無為而為之，不預設立場」；**下跌波不見吞噬紅 K 不減碼，不見破勢不反手。**

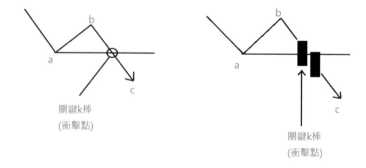

關鍵k棒
(衝擊點)

關鍵k棒
(衝擊點)

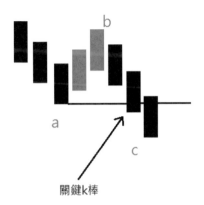

關鍵k棒

如以上圖例所示，這一種下跌 a－b－c 型態的關鍵 K 棒，就是型態的關鍵 K 棒，也是本書所指出的、進場買賣的關鍵點。

當走勢跌破 a，在市場上產生衝擊點時，出現那根突破 K 棒，就是關鍵 K 棒。一般交易者在意的是「價格的突破」，而專業交易者在意的是「成交量的變化」。就市場心理學而言，當突破市場關注的位置時，市場多空就此分出勝負，空方必須表態。

除了價格的波動外，成交量也必須反應在成交量上，這一根 K 棒的低點位置，不能再被收破，否則多空會瞬間逆轉。因為有成交量支撐時，這一根 K 棒代表空方有輸不得的壓力，所以我們才稱這一根為關鍵 K 棒。

下跌波關鍵 K 棒的級數大小之分

就簡單下跌 a－b－c 形態的攻擊模式來看，下跌 a－b－

c 突破所產生的 K 棒，稱之為關鍵 K 棒，其作用在於預測下跌行進的**趨勢**，也就是下跌波的行進規劃。

基礎的規畫，通常在初期是用於底部區，但進階用法則需分析走勢行進間的各種型態，並非只靠單一「勢」的破壞，而是找出每一個**趨勢**間的進場賣點。因為級數不同，跌幅也有所不同，大級數對應的跌幅相對大，小級數對應跌幅相對較小。這如同波浪理論中，大浪對上小浪，跌幅當然會有所差異。這需要用量能來比對。因為級數不同，產生的跌幅也有所不同，這點需特別注意。

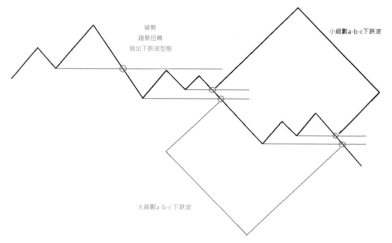

以上圖例的意義，在於確認級數的大小區別，如同波浪理論中所說，「浪中有浪」。當然我們不需要去細數每一個小波段，

而是希望進階交易者明白，自己操作時的波段級數大小為何？以確認交易時的漲幅強度，當然這也需多加練習才做得到。

　　就下跌趨勢而言，破勢最初源至道氏理論，前低被跌破產生的趨勢破壞，進而產生下跌波規畫。突破點出現的轉換趨勢，我們稱之為**關鍵 K 棒扭轉**，扭轉之後大盤行進趨勢就會改變，之後則會因為級數大小，操作上也要有所改變。這個部分也在波浪理論的範圍中。

　　當道氏理論與波浪理論的組合確立，可以確認趨勢的「勢」，趨勢轉換之前都要特別了解關鍵 K 棒之間的關係為何？是否已達到進場交易操作的標準。以下我們用圖例來說明。

1. 大趨勢規畫圖表

從以上圖表中,我們可以很清楚劃分3個 A - B - C 區域。
從這三個區域中,從這三個區域,可以發現這就是大級數的下
跌 A - B - C 型態:

- A 區:指數跌破前低,破勢型態確認,而產生大級數 A - B -
  C 下跌波規畫。

- B 區:就是大級數下跌波 A - B - C 波的 B 波,規劃下跌波
  反彈到 B 波位置,也就是前高位置。

- C 區:跌破大級數 A 點,完成大級數下跌 A - B - C 波規畫,
  確認 C 波規畫點位置。

2. a - b - c 操作法則

範例九

如以上圖表所示：

- **關鍵 K 棒 1**：破勢，標準母子型態轉下降三法型態，出現小趨勢向下 a － b － c 法則，這屬於逆趨勢，指數尚未跌破前低點。

- **關鍵 K 棒 2**：破勢，產生下跌規劃型態確認點，出現大級數下跌 A － B － C 波型態。

- **關鍵 K 棒 3**：破勢，出現中級數向下 a － b － c 法則。

- **關鍵 K 棒 4**：破勢，出現小趨勢向上 a － b － c 法則，這屬於逆趨勢，尚未收上前高點。

- **關鍵 K 棒 5**：破勢，出現中級數向上 a － b － c 法則，屬於逆趨勢，尚未收上前高點。

- **關鍵 K 棒 6**：破勢，確認大級數 B 結束

- **關鍵 K 棒 7**：破勢，出現中級數向下 a － b － c 法則，頭部有一個標準母子型態轉為下降三法型態。

- **關鍵 K 棒 8**：破勢，指數收破第二前低，完成下跌大級數 A － B － C 法則。

以上圖表分析的意義，在於確認其波段級數的大小，如同波浪理論中「浪中有浪」的觀點，我們不需要去斤斤計較幾個波段出現，而是要明白操作當時的波段級數大小為何？以確認交易時的漲幅強度。當然，這需要大家多加練習。

a－b－c下跌波空間規畫與距離

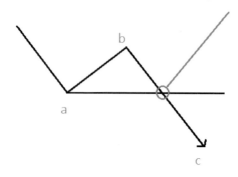

跌破a點產生 空間規畫 與 距離

如以上圖例所示,當走勢突破 a 點時,就產生了下跌波空間規畫與距離,也就是我所說的下跌波 a－b－c 型態攻擊模組,這種模組可分成兩種操作手法,第一是空間規畫,第二是預測距離。

● 空間規畫

這是順勢交易的一種做法,當 b 點出現,盤勢處於反彈,當反彈完畢,c 點突破 a 點的時候,出現關鍵 K 棒,並且確認趨

勢，此時便完成一組下跌波 a－b－c 向下攻擊模組，趨勢就很明朗。

這時候專業交易者將規畫出下跌的模組，並且利用關鍵 K 棒作為進場依據以及**趨勢確認點**，如以下圖例所示：

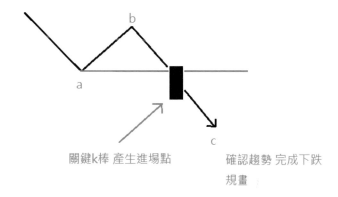

關鍵k棒 產生進場點　　　　確認趨勢 完成下跌
　　　　　　　　　　　　規畫

● 空間距離

如以下圖例所示，空間規畫與空間距離，都源自於波浪理論技術，我個人認為，如同我們在本章節上升三法所提到，這不是一個有效預測跌幅的技術分析方法。理論並非錯誤，而是無法明確的確認其漲幅。

與其去預測跌幅會有多少，不如在下跌過程中，順勢突破而作出正確的交易策略。就如同我之前所說的「順勢交易心法」：**上漲走勢不預設立場，不見中黑不減碼，不見破勢不停利。**

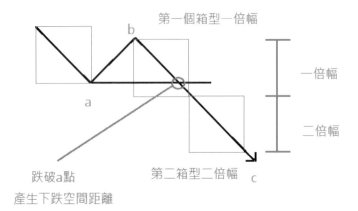

第一個箱型一倍幅

b

一倍幅

二倍幅

a

跌破a點
產生下跌空間距離

第二箱型二倍幅

c

這是一張台指 5 分鐘 K 線圖，我們先從 b 點位置看起，可以清楚看到這是不規則頭部反轉，空點位置在三根定其型後，破其低 s 點，這就是空點。之後跌破 a 點位置，產生上漲規畫與空間距離，以作為順勢交易的模組。

當關鍵 K 棒產生破勢型態的確認點，這就要作為最後進場賣出點。而 c 的跌幅，在事後來看只有 117 點，與 a 點漲幅 149 比較，並無法有效預測未來。作為短線交易者，該做的是活在當下，如我之前所說，不如使用比較實際的順勢交易心法，**不預設立場，不見中黑不減碼，不見破勢不停利。**

我們利用之前所講過的「空間距離破解法」，來計算其跌幅。以圖例中來看：

a 點跌幅為 149 點

a 波柱狀體最高為 36.4

c 波柱狀體最高為 21.9

利用比較法，我們用 a 波與 c 波作為比較：

a 點跌幅 149 點，柱狀體 36.4

c 點跌幅 _X_ 點，柱狀體 21.9

公式：$36.4 * X = 149 * 21.9$，可得出 $X = 89$，也就是說 c 波下跌距離約 89 點，超過 89 點的跌幅都算是超跌。如果已經超過 89 點跌幅，預期之後也不會破低太深，就該離場獲利了結。

本章總結

　　最後我們做個深入探討，請大家務必學會上漲波與下跌波 a－b－c 攻擊之後的空間與規劃。我發現，很多人在判斷 a－b－c 攻擊時時機的失敗主因，絕對是級數的問題。尚未理解 a－b－c 攻擊級數大小就貿然出手，勝敗比率當然參半，之後漸漸對自己失去信心。

　　說穿了，級數就是技術分析程度的問題。分辨級數大小是進場的成敗關鍵，「破勢」的出現，就表示大級數的出現，也是短期頭部與短期底部的形成。只要以簡單操作為原則，在出現「破勢」型態時果斷出手作單，勝率當然是相對高；級數越大，失敗率就越低，而且級數越大，利潤就越大。

　　在實務操作上，也可以利用簡單的指標 MACD 作為輔佐，以比較法估計級數，會使操作更為精準。

　　酒田三法型態代表的是盤整，初階交易者要避開盤整交易，減少無謂的進出與耗損；對專業交易者而言，要看作是 a－b－c 攻擊波的總和，串聯起盤勢中出現的所有型態，強化對級數的了解，並做出精準規劃，這樣更能提升自我能力，成為專精的交易者。

08 進階交易者
酒田五法三空型態精要

三空型態 缺口理論

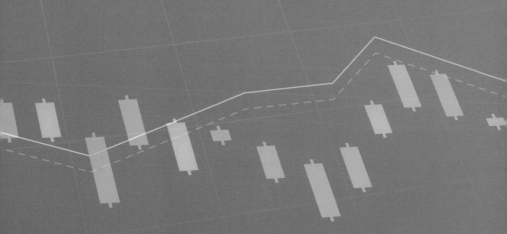

▼ 三空型態圖解

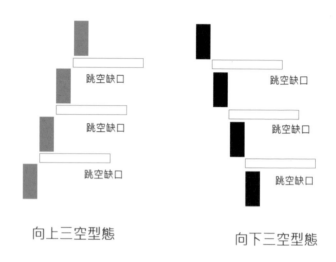

向上三空型態　　　　向下三空型態

三空型態解析

　　所謂的三空型態，講的就是缺口理論，而三空代表了走勢中K棒的三個缺口，分別為「突破缺口」、「追逐缺口」、「竭盡缺口」。由於這是基礎常識，我就不在本書贅述了。但對於專業交易者而言，不分任何一種缺口型態，只要出現跳空缺口，就是一種強力的方向確認。

1. 向上缺口理論：定義就是當日收盤價與隔日最低價、所形成的無成交價格區間。如以下圖例：

向上跳空缺口型態

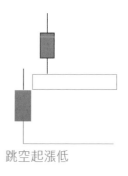

跳空起漲低

當日收盤價與隔日最低價
所形成的無成交價格空間
便是向上跳空型態

2. 向下缺口理論：定義就是當日收盤價與隔日最高價、所形成的無成交價格空間。如以下圖例：

向下跳空缺口型態

跳空起跌高

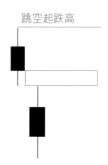

當日收盤價與隔日最高價
所形成的無成交價格空間
便是向下跳空型態

專業交易者的操作策略

就期貨市場來說，跳空缺口的出現，代表的就是大盤走向以及進場點，我的口訣如下，這是缺口高階理論用法，請大家切記：

1. 不收破跳空缺口前根 K 棒起漲低點，方向持續向上（向上跳空缺口）。

2. 不收上跳空缺口前根 K 棒起跌高點，方向持續向下（向下跳空缺口）。

3. 最後一個缺口回補，力道減弱轉為橫盤。

4. 第一個反向缺口出現，方向逆轉。

以下用圖例來說明：

範例一

　　這是大盤現貨走勢圖，交易時間為 2020 年 3 月 19 日至 4
月 22 日。

● 第一個向上跳空缺口，確認多方走向。

● 第二個向上跳空缺口，持續多方方向。

● 第三個向下跳空缺口，走向由多方轉成空方。

● 第四個向上跳空缺口，大家可以看到指數收上第三個向下跳空
　缺口的跳空點，走方由空方轉成多方。

● 第五個跳空缺口出現，隔天收小十字 K 棒，很多人會認為這是

在補缺口,但在實際操作上:不收破跳空起漲低點,方向持續。

- 第六個向上跳空缺口,走向持續,直到隔兩根 K 棒收破跳空起漲低點,走向轉為跌盤

　　從以上圖例來看,缺口是大盤方向的表態,出現反向缺口就表示大盤方向逆轉;如果出現補回跳空缺口的起漲低點或起跌高點,則代表大盤會進入以盤整為主的型態。

　　缺口理論,主要是以確認大盤方向為基礎,而最高階的缺口理論,就是「極端缺口」。極端跳空缺口是大漲大跌的一種型態,可有效且可信賴的讓我們判斷大盤走勢,這也是變形三白兵與變形三黑兵的起漲／起跌確認點。

極端向上跳空缺口的定義

　　第一根 K 棒必須留下長上影線,且必須嚴謹設定第二根 K 棒:**必須一開盤就跳空拉過第一根 K 棒的高點,之後不得觸及第一根整體 K 棒幅度的 1/2。** 如下圖例:

我們用圖表來說明「極端向上跳空缺口轉為變形三白兵型態」：

範例二

這是大盤現貨走勢圖，交易時間為 2015 年 12 月 15 日到 12 月 17 日。

從這三個交易日的 K 棒中，我們可以很清楚看到「極端跳空向上缺口」的出現，這種型態是主力操作下的產物，通常緊接而來的就是變形三白兵型態。作為一個專業交易者，對於市場應該有一定的敏感度，這種型態的出現，代表後勢還有高點，操作策略上應以強勢多方來應對。

極端向下跳空缺口的定義

第一根 K 棒必須留下長下影線，且必須嚴謹設定第二根 K 棒：**必須一開盤就跳空跌破第一根 K 棒低點，之後不得觸及第一根整體 K 棒幅度的 1/2。**如下圖例：

極端向下跳空缺口

我們用圖表來說明「極端向下跳空缺口轉為變形三黑兵型態」：

　　這是大盤現貨走勢圖，交易時間 2018 年 02 月 02 日到 02 月 06 日。

　　從這二個交易日的 K 棒中，我們可以很清清楚楚看到「極端向下跳空缺口」的出現，這種型態也是主力操作下的產物，通常後面緊跟著的就是變形三黑兵型態。比較有意思的是第二跟 K 棒留下長下影線，對於喜歡看單一 K 棒的交易者而言，這是一種多方訊號，殊不知之後面還有更低點。

作為一個專業交易者，對市場要有相當的敏感度，這種型態的出現，代表後勢還有更低點，策略上應以強勢空方來應對。

　　讓我這樣說明：「跳空缺口」最重要的作用，在於提供了大盤的明確方向跟進場點，每一次的跳空代表的就是方向的突破，若能搭配支撐壓力來輔佐分析，對於專業交易者而言，將是受益無窮。缺口理論更是一種盤感的訓練，若能搭配三法型態來突破，應用起來更是精準。

酒田五法型態的隱藏意義

　　山川戰法是由酒田五法架構而成：

- **三山型態**：頭部的總稱，也是 a－b－c 攻擊型態理論的基礎。

- **三川型態**：底部的總稱，也是 a－b－c 攻擊型態理論的基礎。

- **三兵型態**：是勢的預估，三根連續紅 K 棒或黑 K 棒的出現，代表突破買進／賣出、加碼買進／賣出、買賣力竭。

- **三法型態**：是盤整預測以及設定買賣點的依據。盤整之後突破或跌破，就會產生買賣點，這可做為箱型法的模組。

- **三空型態**：代表趨勢確認。跳空缺口是重要的方向依據，依據方向設定操作策略，將決定獲利與否。

以下圖例，是基於進階版山川戰法做出的大盤基礎規畫圖，請大家謹記，將帶給您極大的幫助！

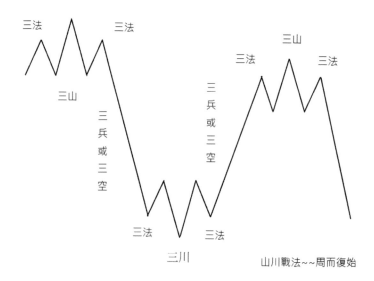

三法　三法
三山
三兵或三空
三兵或三空
三法　三山　三法
三法　三法
三川
山川戰法～～周而復始

09 山川戰法高階交易之實務操作

買點／賣點的產生

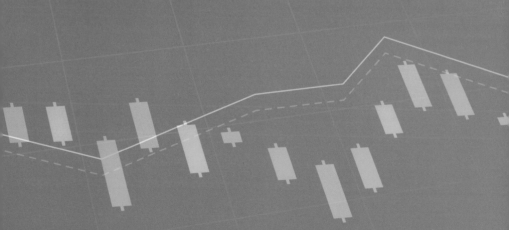

前面幾個章節中，我都在說明各種型態的變化及如何應對。在操作上來看，從初階的懂盤到進階的解盤，應該要循序漸進的學習，才能將型態的變化理解到「萬千化一」的程度，進而成為能夠精確操盤的專業交易者。

　　簡單來說，前面的章節都是基礎理論的論述，希望大家能奠定技術分析的基礎，進而理解：為何山川戰法能夠做到對大盤結構的深入解析，能夠看到多空轉換的位置與及行進的強勢弱勢，幫助交易者了解盤勢，並從型態的變化來規劃操作策略。

　　接下來我們將進入買/賣點的設定依據，也就是關鍵 K 棒的高階用法。

高階版的關鍵 K 棒用法

萬法歸一，K 線單一六歸型態學

首先，我們來討論趨勢行進的關鍵。在操作實務上，所有 K 線型態的分析都屬於基礎理論，一旦用在期貨商品上，相信大部份的人都很難上手。

除了基礎功夫不夠之外，我認為最主要的原因，是因為所有在盤中出現的型態，都不會像書本上那樣完美的呈現，這在無形中增加了交易者操作時的困難度。因此，大家除了要把前幾章的進階酒田五法融會貫通外，也需要更再進一步才能成為專業的交易者。

專業交易者需要把自己對型態的認知再進化，我稱為「無型態專業交易者」。我初步歸類起來，K 線型態大約有 70 至 80 種，將所有型態融合為酒田五法之後，我再將其簡化成為 **「單一六歸型態」**。

期貨商品強調的是，如何在趨勢行進時，去掌握關鍵的 K 棒，這就是決定勝負的關鍵。關鍵 K 棒就是衝擊點所展現的 K

線型態，當趨勢行進間遇到支撐或壓力時，一根 K 棒就可以決定多空轉折的變化點，這就是關鍵 K 棒，也就是衝擊點的 K 線型態。

在期貨高階操作的原理中，用簡單一句話就能闡述：**趨勢行進間遇支撐或壓力，產生「過與不過、破與不破」，進而出現的衝擊點型態，稱之為關鍵 K 棒；而關鍵 K 棒出現時，就是進場時機。**

▼ 單一六歸型態圖例：

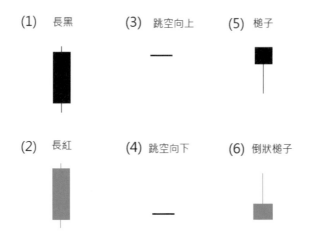

我將 K 線形態做出了總整理，K 線型態千變萬化，但脫離

不了這 6 種型式—「長黑、長紅、跳空向上、跳空向下、槌子、倒狀鎚子」。簡單來說，單一六歸型態已經跳出了形態學，成為唯一一個可以精準辨識買賣點的依據，也就是看到關鍵的那一根 K 棒。

　　單一 K 棒也必須要對應在關鍵價位上，才能顯示其意義。進一步來說，**「遇壓力，漲過與不漲過都是關鍵；遇支撐，跌破與不跌破都是關鍵」**。一旦破與過的狀態發生，就會做出行進規劃，也就是確認買賣點、確認進場時機。我用以下圖例說明：

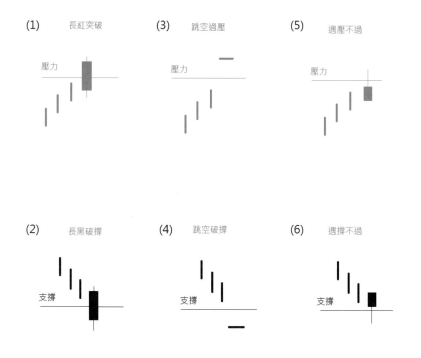

我們從圖例中可以清楚看出，如果六種單一 K 棒出現在關鍵位置上，就能用這根 K 棒，作為預測趨勢以及設定買賣點的依據。六歸 K 線型態之所以精妙，就在於用一根 K 棒就能夠決定所謂的買賣點，那為何還要本末倒置、使用指標來做重要的技術分析呢？

因此，大家在實務操作上應該要以 **K 線為主、指標為輔**。一根 K 棒就可以決定買賣點，不必捨近求遠的去選擇其他指標來對應大盤。很多交易者習慣用 KD 指標來設定操作手法，他的設定值是 9K9D，那是不是要用 9 根 K 棒決定型態，才能確認買賣點呢？更遑論是運用中波段指標 MACD ！這都太過複雜，也容易對大盤看法失真。

沒錯，既然一根 K 棒就可以決定買賣點，在實務操作時就要更精準的做支撐與壓力的計算。當衝擊點出現時，也就是出現所謂的關鍵 K 棒時，過與不過就會產生買賣點。

所謂的贏家與輸家，之間的實力差距在哪裡？「外行看熱鬧，內行看門道」，答案就是贏家懂得「化繁為簡」。專業交易者看的是關鍵點位的變化，而行進的方向只是關鍵點過與不過、之後所產生的後期規畫。

關鍵 K 棒

　　所謂支撐壓力的產生，破與不破就會產生買賣點，也就是盤勢呈現出另一個壓力與支撐，突破就是買點，跌破即是空點。

▼ 關鍵 K 棒買賣點圖解

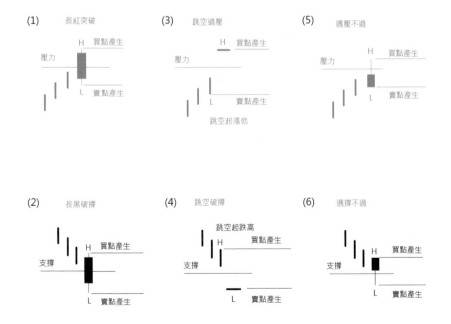

從以上圖例，我們可以清楚看到，都是以突破壓力或者支撐做為進場依據；而以往的支撐與壓力，都是前高或前低位置形成。就我多年觀察下來，所謂的壓力與支撐都是市場的預期心理，**當指數突破或跌破時，就可做為進場依據。**

　　也就是說，讓成交量來決定；當指數突破壓力與支撐的時候，市場產生衝擊點，這一根關鍵 K 棒通常會伴隨成交量而產生，代表市場正在關注這一根 K 棒，這一根 K 棒才會主導未來市場的方向。因此，這一根關鍵 K 棒的高低點，就可做為　另一個進場操作的設定依據。

230

這是一張台指 5 分 K 線圖。

- 圖 A 是關鍵 K 棒突破之後，高低點作為另一個加碼依據，而圖 B 就是另一個進場點。

- 圖 C 是關鍵 K 棒突破之後，高低點作為另一個加碼依據，而圖 D 就是另一個進場點。

- 圖 E 是關鍵 K 棒跌破之後，高低點作為另一個加碼依據，而圖 F 就是另一個進場點。

從這一張圖表，可以清楚的理解，這個章節的重點，在於告訴大家如何辨識每一個關鍵 K 棒，所造成的盤勢變化。我們從高階交易原理來看，則需要注意每一次趨勢行進間遇到壓力與支撐所產生的型態改變。對於專業的交易者而言，在看一張圖表時，他們在意的不是高低點的預測，而是找到趨勢變化時的進場點；用一根 K 棒可以決定的事，不用本末倒置，捨近求遠，用複雜的理論去看待。

將關鍵 K 棒與支撐與壓力結合，過與不過、破與不破，產生另一個買賣點，這就是關鍵 K 棒的精隨。

在此做個結論，透過關鍵 K 棒，我們可以很清晰的看出另一個買賣點的位置。如同之前我們所討論，市場關注的 K 棒將左右大盤未來的局勢，因此善用關鍵 K 棒的高低點，作為另一

個進場買賣的判定依據，這是身為專業交易者化繁為簡、以一破萬千時所需具備的高度技巧。

高階交易的實務操作
大盤規畫口訣

以下圖例是山川戰法特有的 K 線行進規畫圖，並非是正統波浪規畫。

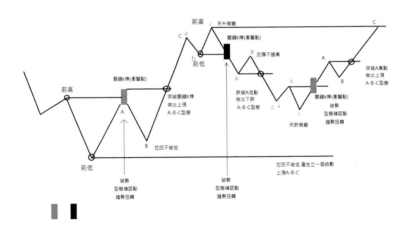

口訣如下：

● 起漲起跌的攻擊與修正皆含 a-b-c 三波，級數不同，呈現的細微行進態勢也會不同。

- 主升型態或主跌型態以三兵三空為定其型，要確認有無末漲波或末跌波。

- 末漲波與末跌波必定呈現背離後的起跌或起漲，規畫上要以扭轉態勢來做起始規劃。

- 規畫要以箱型來輔佐，作為行進路線的參考；操作要以衝擊點為突破關鍵，破與不破、過與不過，皆是進場的參考依據。

範例二

這是台指日線圖，交易日期為 2016 年 04 月 18 日至 2016 年 7 月 28 日。

從圖表中我們可以很清楚的看出，整體山川戰法首重規畫，之後才是應用。對於學習技術分析而言，這是必經的過程，需要仔細研究透徹，洞悉型態，以不變應萬變，在觀念中將「有型態」昇華到「無型態」的境界，一步一步在技術分析的領域紮根。

　　大家仔細研究後不難發現，其實所謂的高階理論，都是由**「勢」的轉折**開始延伸，而口訣只是延伸上的應用而已。

高階山川戰法總結

　　本章節中所有的圖例範例，都是山川戰法裡面的高階看法與用法；當然還有許多技巧，需要仰賴各位讀者去發掘。想要在期貨市場成為贏家，洞悉大盤結構的「勢」相當重要，這樣才能了解大盤多空攻守交換的順序，找到買賣點。

　　利用三兵型態或者三空型態，則能幫助大家洞悉主升段主跌段的結構，再輔佐箱型法規劃出高低區間，才能完全掌握大盤行進概況，進階成為一個專業交易者。

　　高階山川戰法是由酒田五法架構而成，而酒田五法是所有K線型態的總和。我們在本書中學習到的三山、三川、三法，都是由 a-b-c 波段攻擊來串起，盤整的表態則是以母子型態為起始，因此母子型態為型態初始之母。母子為各種型態的開始，每一次的發動都是單一六歸型態，也是 a-b-c 攻擊的起手式，要能熟習並清楚分辨。

　　我已經詳細介紹所有的K線型態及對應的交易規劃手法，剩下的就是熟練度的問題—如何熟習山川戰法的理論，熟習盤感，熟習看圖，並勤加練習。

我相信勤能補拙，熟讀本書，多練習幾次，您一定能很快上手，成為期貨市場中的贏家。

奧丁期貨聖典之山川戰法全書

本書顛覆你對期貨領域所有認知 建議新手小心服用

作　　　者／奧丁
美 術 編 輯／申朗創意
協 力 作 者／鍾一鳴、吳永佳
責 任 編 輯／吳永佳
企畫選書人／賈俊國

總 　編 　輯／賈俊國
副 總 編 輯／蘇士尹
編 　　　輯／高懿萩
行 銷 企 畫／張莉榮‧蕭羽猜、黃欣

發 　行 　人／何飛鵬
法 律 顧 問／元禾法律事務所王子文律師
出　　　版／布克文化出版事業部
　　　　　　台北市中山區民生東路二段 141 號 8 樓
　　　　　　電話：(02)2500-7008 傳真：(02)2502-7676
　　　　　　Email：sbooker.service@cite.com.tw
發　　　行／英屬蓋曼群島商家庭傳媒股份有限公司城邦分公司
　　　　　　台北市中山區民生東路二段 141 號 2 樓
　　　　　　書虫客服服務專線：(02)2500-7718；2500-7719
　　　　　　24 小時傳真專線：(02)2500-1990；2500-1991
　　　　　　劃撥帳號：19863813；戶名：書虫股份有限公司
　　　　　　讀者服務信箱：service@readingclub.com.tw
香港發行所／城邦（香港）出版集團有限公司
　　　　　　香港灣仔駱克道 193 號東超商業中心 1 樓
　　　　　　電話：+852-2508-6231　　傳真：+852-2578-9337
　　　　　　Email：hkcite@biznetvigator.com
馬新發行所／城邦（馬新）出版集團 Cité (M) Sdn. Bhd.
　　　　　　41, Jalan Radin Anum, Bandar Baru Sri Petaling,
　　　　　　57000 Kuala Lumpur, Malaysia
　　　　　　電話：+603- 9057-8822　　傳真：+603- 9057-6622
　　　　　　Email：cite@cite.com.my
印　　　刷／卡樂彩色製版印刷有限公司
初　　　版／2021 年 5 月
初 版 5 刷／2022 年 8 月
定　　　價／450 元
I　S　B　N／978-986-5568-79-5
E I S B N／978-986-5568-76-4（EPUB）

城邦讀書花園　布克文化
www.cite.com.tw　WWW.SBOOKER.COM.TW